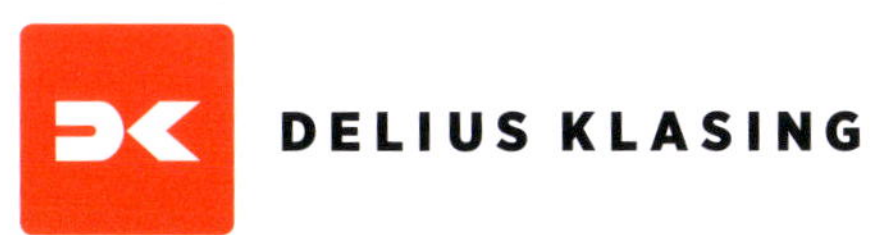
DELIUS KLASING

Marco Feltgen

unter Mitarbeit von Heinz Breidenbach

Der amtliche Sportbootführerschein Binnen

für Boote mit Motor

mit den Prüfungsfragen und -antworten

Delius Klasing Verlag

Marco Feltgen
hat schon in jungen Jahren in seiner Heimatstadt Köln sehr erfolgreich Sportbootführerschein-Lehrgänge geleitet. Und über vier Jahrzehnte war er mit seinem Motorboot CLOCHARD und später mit Charterbooten auf den europäischen Binnenwasserstraßen unterwegs.
Seine großen Erfahrungen auf dem Gebiet der Sportschifffahrt machten sich zahlreiche Institutionen zunutze, wie der Weltmotoryachtverband Union Internationale Motonautique (UIM), dessen Ehrenvizepräsident er ist. Im Präsidium des Deutschen Motoryachtverbandes (DMYV) leitete er über Jahre hinweg verschiedene Ausschüsse und vertrat dessen Interessen im Weltverband.
Die Freizeitschifffahrt und im Zusammenhang damit die Förderung der »mobilen Lebensqualität« – das war stets das besondere Anliegen von Marco Feltgen. Und das ist es immer noch.
Marco Feltgen lebt in Traben-Trarbach an der Mosel.

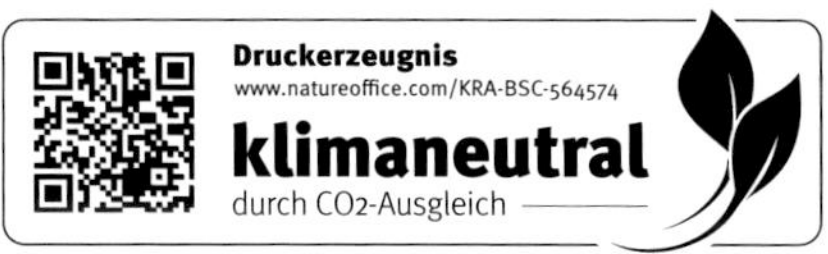

Bibliografische Information der Deutschen Nationalbibliothek
Die Deutsche Nationalbibliothek verzeichnet diese Publikation in der Deutschen Nationalbibliografie; detaillierte bibliografische Daten sind im Internet über http://dnb.dnb.de abrufbar.

24. Auflage
ISBN 978-3-667-11205-7

Redaktionelle Bearbeitung: Heinz Breidenbach
Lektorat: Felix Wagner
Zeichnungen: John Bassiner
Umschlaggestaltung: Buchholz.Graphiker, Hamburg
Satz und Druck: DZA Druckerei zu Altenburg GmbH, Altenburg
Printed in Germany 2022

Delius Klasing Verlag, Siekerwall 21, D - 33602 Bielefeld
Tel.: 0521/559-0, Fax: 0521/559-115
E-Mail: info@delius-klasing.de
www.delius-klasing.de

Inhalt

Geleitwort

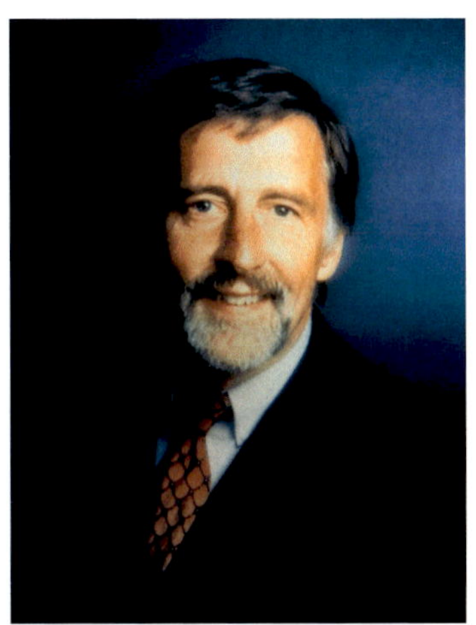

Winfried Röcker
Deutscher
Motoryachtverband e. V.
Präsident

Mit der Studie des Bundeswirtschaftsministeriums aus dem Jahre 2003 zur »Förderung des Wassertourismus« hat auch die Bundesregierung erkannt, welch wirtschaftlichen Wert der Wassertourismus in Deutschland darstellt. Der Deutsche Motoryachtverband ist seit über 40 Jahren vom Bundesministerium für Verkehr beliehen, amtliche Sportbootführerscheine nach bestandener Prüfung zu erteilen.
Dieses Buch soll für denjenigen eine Hilfe sein, der seine Liebe zum Fahrtensport auf dem Wasser entdeckt hat und die Prüfung zum amtlichen Sportbootführerschein für Binnengewässer ablegen möchte. Darüber hinaus aber auch eine Hilfe für den Führerscheinneuling, der sich erstmals auf den Bundeswasserstraßen bewegen will.
Gerade der Einstieg in die Welt der Gewässer bedarf einer guten theoretischen Kenntnis als Voraussetzung für den Einstieg in die Praxis. Die eigene Sicherheit, die Sicherheit der Crew und der anderen Verkehrsteilnehmer auf dem Wasser haben höchste Priorität.
In diesem Sinn eröffnen sich Ihnen neue Welten mit wunderbaren Ufern, Küsten- und Flusslandschaften.

Ihnen allzeit eine gute Fahrt!

Deutscher Motoryachtverband e.V.

Vorwort

Das Führen eines Sportbootes muss man von Anfang an erlernen. Ganz so wie das Radfahren oder das Steuern eines Autos. Erfahrungen mit Landfahrzeugen sind nicht übertragbar, Wind und Strömung müssen bei der Bootsführung ebenso berücksichtigt werden wie die Richtungsänderung am Heck, also hinten und nicht vorn wie bei Landfahrzeugen. Damit das Bootfahrenlernen nicht unnötig erschwert wird, ist dieser Prüfungsleitfaden kurz gefasst und auf das Wesentliche beschränkt.

In der Bundesrepublik Deutschland muss der Bootsfahrer einen Führerschein besitzen (siehe nächste Seite). Die Prüfungshoheit wird durch den Deutschen Motoryachtverband und den Deutschen Segler-Verband wahrgenommen. »Voll automatisch« steuert dieses Büchlein auf die erforderliche Prüfung zum Erwerb des vorgeschriebenen Befähigungsnachweises zu.

Die amtlichen Prüfungsfragen (ab Seite 62) sind wie folgt gegliedert:
- Basisfragen (Nr. 1–72)
- Spezifische Fragen Binnen (Nr. 73–253)

Es wird ausführlich auf alle Themen eingegangen, wie z. B. Tag- und Nachtbezeichnung der Fahrzeuge, Sichtzeichen und Schallsignale, auf Sicherheitsvorschriften und Seemannschaft, Bootsmotoren und Bootstypen.

Hinzu kommen Erläuterungen unmittelbar neben der jeweiligen Frage/Antwort.

Die Kenntnisse zum Erwerb der *Charterbescheinigung* für Binnenschifffahrtsstraßen, die mit dieser Bescheinigung befahren werden dürfen, werden ebenfalls abgedeckt.

Der Verfasser hat das Bestreben, dem Anfänger im Wassersport eine wirksame Hilfe für die Prüfung zu geben. Aber auch den Ausbildern in den Vorbereitungslehrgängen und den Prüfern will er die Arbeit erleichtern.

Dieses Buch möge auch weiterhin zur Sicherheit auf dem Wasser beitragen.

Marco Feltgen

Der Führerschein für Binnengewässer

Auf den Binnengewässern der Bundesrepublik Deutschland muss jeder Sportbootfahrer im Besitz eines Führerscheins sein, wenn das Fahrzeug von einer Antriebsmaschine mit einer Nutzleistung von mehr als 11,03 kW (15 PS) angetrieben wird und weniger als 20 m lang ist. Ausnahme: Auf dem Rhein ist ein Führerschein schon ab 3,68 kW (5 PS) und weniger als 15 m Länge vorgeschrieben.

Diese Vorschrift basiert auf der Verordnung über das Führen von Sportbooten auf den Binnenwasserstraßen der Bundesrepublik Deutschland (Sportbootführerscheinverordnung mit dem Geltungsbereich Binnenschifffahrtsstraßen – SpFV), siehe nächste Seite. Man kann sagen, dass unter diese Vorschrift fast alle Flüsse fallen, die für den Motorbootfahrer von Interesse sind; so der Rhein mit seinen Nebenflüssen, die Donau, die Elbe, die Weser sowie die Schifffahrtskanäle und einige weitere Gewässer.

Auf den deutschen Seeschifffahrtsstraßen braucht man den amtlichen Sportbootführerschein mit dem Geltungsbereich Seeschifffahrtsstraßen. Für den Bodensee und Berlin gelten Sonderbestimmungen.

Der **Fragenkatalog** ist bundeseinheitlich vorgeschrieben; bei der Prüfung wird Ihnen ein Fragebogen mit Fragen nur aus diesem Katalog vorgelegt.

In der **praktischen Prüfung** müssen Sie die im Abschnitt »Knoten« (Seite 43 ff.) demonstrierten Knoten beherrschen und deren Verwendung erklären können sowie beweisen, dass Sie dazu in der Lage sind, ein Sportboot zu führen.

Bei den Erläuterungen zu den Fragen/Antworten wurde bewusst auf Fachausdrücke oder amtliche Formulierungen verzichtet. Dass während des Unterrichts Fachausdrücke einfließen, ist unumgänglich; es bleibt dem Ausbilder vorbehalten, diese zu erläutern.

Charterbescheinigung. Diese Fahrerlaubnis ist eine auf die Mietdauer des Bootes beschränkte Genehmigung zum Befahren bestimmter Gewässer. Die Charterbescheinigung wird vom Charterunternehmen ausgestellt – für jeden Chartervertrag wieder neu. Wer den Sportbootführerschein mit dem Geltungsbereich Binnenschifffahrtsstraßen besitzt, benötigt die Charterbescheinigung nicht. Diese Sonderregelung beruht auf der Binnenschifffahrt-Sportbootvermietungsverordnung vom 18. April 2000 (§ 9).

Die erforderlichen Kenntnisse für die Charterbescheinigung sind vom Umfang geringer als der Lehrstoff, den dieses Buch wiedergibt, jedoch sinngemäß deckungsgleich.

Auszug aus der Verordnung über das Führen von Sportbooten auf den Binnenwasserstraßen (Sportbootführerscheinverordnung mit dem Geltungsbereich Binnenschifffahrtsstraßen – SpFV)

vom 22. März 1989, zuletzt geändert am 03. Mai 2017

§ 1 Anwendungsbereich

Diese Verordnung gilt

1. auf dem Rhein: für Sportboote von weniger als 15 Metern Länge, gemessen ohne Ruder und Bugspriet,
2. auf den übrigen Binnenschifffahrtsstraßen: für Sportboote von weniger als 20 Metern Länge, gemessen ohne Ruder und Bugspriet,
3. auf den Seeschifffahrtsstraßen: für Sportboote ohne Längenbegrenzung.

§ 2 Begriffsbestimmungen

Im Sinne dieser Verordnung sind

1. Binnenschifffahrtsstraßen die Wasserstraßen (§ 1 Abs. 1 Nr. 2 des Binnenschifffahrtsaufgabengesetzes) mit Ausnahme der Seeschifffahrtsstraßen und der Elbe im Hamburger Hafen,
2. Seeschifffahrtsstraßen: Die Seeschifffahrtsstraßen im Sinne des § 1 Absatz 1 der Seeschifffahrtsstraßen-Ordnung und des §1 der Verordnung zur Einführung der Schifffahrtsordnung Emsmündung,
3. Sportboote: nicht gewerbsmäßig, für Sport- und Erholungszwecke verwendete Fahrzeuge, ausgenommen Fahrzeuge, die durch Muskelkraft oder nur mit einem Segel von höchstens 6 m^2 Fläche fortbewegt werden.

§ 3 Fahrerlaubnis für die Binnenschifffahrtsstraßen

(1) Wer auf den Binnenschifffahrtsstraßen ein Sportboot führen will, bedarf einer Fahrerlaubnis für die jeweilige Antriebart. Die Fahrerlaubnis wird unbeschadet des Absatzes 4 durch den Sportbootführerschein mit dem Geltungsbereich Binnenschifffahrtsstraßen nachgewiesen.

Anmerkung: Der Eigentümer oder Führer eines Sportbootes darf nicht anordnen oder zulassen, dass jemand das Boot führt, der nicht Inhaber der erforderlichen Fahrerlaubnis (Absatz 1) ist ... Ein Sportboot im Sinne dieser Vorschrift führt nicht, wer es unter Aufsicht des Inhabers einer Fahrerlaubnis für die jeweilige Antriebsart fortbewegt. In diesem Fall ist Führer allein der Beaufsichtigende (siehe § 12).

§ 5 Besondere Regelungen

(1) Keiner Fahrerlaubnis nach dieser Verordnung bedürfen

4. Personen mit Wohnsitz außerhalb des Geltungsbereiches dieser Verordnung, die sich nicht länger als ein Jahr im Geltungsbereich dieser Verordnung aufhalten, sofern im Wohnsitzstaat keine Fahrerlaubnis für das zu führende Sportboot erforderlich ist.

Ist im Falle des Satzes 1 Nummer 4 in dem Staat des Wohnsitzes für das Führen eines Sportbootes auf den jeweiligen Gewässern ein Befähigungsnachweis amtlich vorgeschrieben oder wendet dieser Staat die Resolution Nr. 40 ECE (VkBl.2013 S. 987) an, benötigt die Person den Befähigungsnachweis oder ein internationales Zertifikat nach der Resolution Nr. 40 ECE für das jeweilige Gewässer im Geltungsbereich dieser Verordnung. (Die Generaldirektion Wasserstraßen und Schifffahrt macht im Verkehrsblatt bekannt, welche Staaten die Resolution Nr. 40 ECE anwenden.)

(2) Als Fahrerlaubnis nach dieser Verordnung werden für das Führen eines Sportbootes mit Antriebsmaschine anerkannt die Inhaber

1. eines Schifferpatents für den Bodensee der Kategorien B und C oder den Hochrhein;
2. eines im Geltungsbereich dieser Verordnung erteilten amtlichen Berechtigungsscheines zum Führen eines mit Antriebsmaschine ausgerüsteten Dienstfahrzeugs auf den Binnenschifffahrtsstraßen oder anderen Binnengewässern außerhalb der Seeschifffahrtsstraßen;
3. eines amtlichen Berechtigungsscheines zum Führen eines mit Antriebsmaschine ausgerüsteten Dienstfahrzeugs auf den Seeschifffahrtsstraßen, der im Geltungsbereich dieser Verordnung vor dem 1. April 1978 erteilt worden ist;
4. eines Befähigungszeugnisses der Gruppen A und B der Schiffsbesetzungs- und Ausbildungsordnung vom 19. August 1970 (BGBl. I S. 1253), das vor dem 1. April 1978 erteilt worden ist;
5. von Fahrerlaubnissen oder Befähigungszeugnissen, die nach den Bestimmungen der Binnenschifferpatentverordnung ... in der jeweils geltenden Fassung zum Führen von Fahrzeugen berechtigen.

(3) Der für die Fahrerlaubnis nach dieser Verordnung erforderliche Befähigungsnachweis gilt als erbracht für die Inhaber

1. eines im Geltungsbereich dieser Verordnung nach anderen Vorschriften erteilten amtlichen Befähigungsnachweises zum Führen eines Fahrzeugs mit Antriebsmaschine oder unter Segel auf Binnengewässern außerhalb der Seeschifffahrtsstraßen für die jeweilige Antriebsart, soweit das Bundesministerium für Verkehr und digitale Infrastruktur diesen als Befähigungsnachweis anerkannt hat;
2. eines Schifferpatents für den Bodensee der Kategorien A und D für die jeweilige Antriebsart;
3. beim Führen eines Sportbootes mit Antriebsmaschine für die Inhaber eines von einer als gemeinnützig anerkannten Körperschaft erteilten Berechtigungsscheines zum Führen von Wasserrettungsfahrzeugen, soweit das Bundesministerium für Verkehr und digitale Infrastruktur diesen als Befähigungsnachweis anerkannt hat.

Fortgeltung anderer Befähigungsnachweise
Es gibt eine Anzahl von Fahrerlaubnissen aus früheren Jahren, die weiterhin gültig sind oder die gegen einen gültigen Führerschein eingetauscht werden können. Diese hier im Einzelnen aufzulisten, wäre wenig sinnvoll, da es nur noch wenige solcher Scheine gibt und zudem Verfallsdaten zu berücksichtigen sind. Es wird empfohlen, ältere Fahrerlaubnisse zur Prüfung an die beliehenen Verbände (DMYV, DSV) zu senden.

§ 6 Anforderungen für die Erteilung der Fahrerlaubnis

(1) Der Bewerber muss für die Erteilung einer Fahrerlaubnis

1. a) für das Führen eines Sportbootes mit Antriebsmaschine das 16. Lebensjahr,
   b) für das Führen eines Sportbootes unter Segel das 14. Lebensjahr vollendet haben;
2. körperlich und geistig zum Führen eines Sportbootes tauglich sein;
3. zuverlässig sein;
4. die erforderliche Befähigung in einer Prüfung nach § 8 nachgewiesen haben.

(5) Unzuverlässig ist insbesondere, wer gegen verkehrsstrafrechtliche Vorschriften erheblich verstoßen hat und deswegen rechtskräftig verurteilt worden ist.

§ 7 Antrag auf Zulassung zur Prüfung

(1) Der Antrag auf Zulassung zur Prüfung und Erteilung der Fahrerlaubnis ist spätestens eine Woche vor dem Prüfungstermin vollständig an den Prüfungsausschuss zu richten, bei dem der Bewerber die Prüfung ablegen möchte.

(2) Der Antrag muss folgende Angaben, Erklärungen und Unterlagen enthalten:
1. Vor- und Nachname, Geschlecht, Geburtsdatum, Geburtsort, Nationalität und Anschrift des Bewerbers,
2. Art der Fahrerlaubnis, die erworben werden soll,
3. ein aktuelles Passbild in der Größe 38 x 45 Millimeter, das den Bewerber ohne Kopfbedeckung zeigt.
4. ein ärztliches Zeugnis nach dem Muster der Anlage 2, das vom untersuchenden Arzt unmittelbar dem Vorsitzenden des zuständigen Prüfungsausschusses in einem verschlossenen Umschlag [...] zuzuleiten ist, oder eine Kopie eines amtlichen Sportbootführerscheins für den jeweils anderen Geltungsbereich oder die andere Antriebsart, wenn dieser durch Prüfung erworben worden und zum Zeitpunkt der Antragstellung nicht älter als ein Jahr ist.
5. die Kopie eines gültigen amtlichen Kraftfahrzeugführerscheines oder auf Verlangen des Prüfungsausschusses ein Führungszeugnis nach den Vorschriften des Bundeszentralregistergesetzes (Belegart „O"), wenn ein gültiger amtlicher Kraftfahrzeugführerschein nicht vorgelegt wird.
7. bei Bewerbern, die noch nicht 18 Jahre alt sind, die Zustimmung des gesetzlichen Vertreters (§ 6 Absatz 1 Satz 2).
9. soweit erteilt, eine Kopie des amtlichen Sportbootführerscheins, der zur Befreiung von Prüfungsteilen am Prüfungstag vor Beginn der Prüfung im Original vorzulegen ist.
10. Ort und Datum der gewünschten Prüfung.

(4) Der Bewerber wird zur Prüfung zugelassen, wenn die vorgenannten Voraussetzungen erfüllt und die Gebühren bezahlt sind.

§ 8 Prüfung

(1) Die Befähigung zum Führen eines Sportbootes ist durch eine Prüfung nachzuweisen, deren Inhalt sich nach Antriebsart und Geltungsbereich des zu erwerbenden Sportbootführerscheins bestimmt. Die Prüfung

besteht in der Regel aus einem theoretischen Teil und einem praktischen Teil. Die Teilprüfungen können zu verschiedenen Zeitpunkten absolviert werden.

(5) Für die Abnahme der praktischen Prüfung hat der Bewerber regelmäßig ein geeignetes Sportboot mit Bootsführer zu stellen, das den Anforderungen der Anlage 5 zu dieser Verordnung entspricht.

(6) Zum Bestehen der Prüfung müssen alle Prüfungsteile innerhalb eines Jahres bestanden werden. Ein bestandener Prüfungsteil ist ein Jahr gültig. Ein nicht bestandener Prüfungsteil kann nicht an demselben Tag wiederholt werden.

(8) Hat der Bewerber in der Prüfung die Befähigung zum Führen eines Sportbootes nachgewiesen, wird ihm die entsprechende Fahrerlaubnis erteilt und ein entsprechender Sportbootführerschein [...] ausgestellt. Sofern erforderlich, wird auf Antrag des Bewerbers ein vorläufiger Sportbootführerschein [...] ausgestellt.

§ 9 **Prüfungsausschüsse**

Der Deutsche Motoryachtverband e.V. (DMYV) und der Deutsche Segler-Verband e.V. (DSV) werden beauftragt, flächendeckend Prüfungsausschüsse einzurichten. Diese nehmen folgende Aufgaben wahr:

1. über Anträge auf Zulassung zur Prüfung und Erteilung der Fahrerlaubnis zu entscheiden,
2. Prüfungen abzunehmen, Fahrerlaubnisse zu erteilen und Sportbootführerscheine auszustellen,
3. Ersatzausfertigungen (über die Zentrale) auszustellen,
4. erforderliche Auflagen zu erteilen und
5. nach Maßgabe des § 18 Kosten zu erheben.

Die beauftragten Verbände unterstehen bei der Erfüllung der übertragenen Aufgaben der Rechts- und Fachaufsicht des Bundesministeriums für Verkehr und digitale Infrastuktur.

*

Weitere Einzelheiten zum Erwerb des amtlichen Sportbootführerscheins mit dem Geltungsbereich Binnenschifffahrtsstraßen sind in den Richtlinien des Bundesministeriums für Verkehr und digitale Infrastruktur festgelegt. Diese Unterlagen können bei den Prüfungsausschüssen eingesehen werden.

Kleine Einführung in die Theorie und Praxis

Allgemeines zum Führen von Wassersportfahrzeugen

- Die Binnengewässer in der Bundesrepublik Deutschland unterstehen verschiedenen Behörden, und es gelten für die verschiedenen Binnengewässer auch teilweise unterschiedliche Regelungen. Nicht nur die Berufsschifffahrt ist verpflichtet, diese genau einzuhalten, sondern ebenfalls der Schiffsführer eines jeden Sportbootes.
- Für die Binnenschifffahrtsstraßen wurde ein Befähigungsnachweis zum Führen von Sportbooten geschaffen.
  Dieser Befähigungsnachweis ist der Sportbootführerschein mit dem Geltungsbereich Binnenschifffahrtsstraßen; er wird nach Bestehen einer Prüfung erteilt und kann unter bestimmten Voraussetzungen wieder eingezogen werden.
- **Sportboot** im Sinne der Sportbootführerscheinverordnung mit dem Geltungsbereich Binnenschifffahrtsstraßen ist ein von seinem Führer nicht gewerbsmäßig, sondern für Sport- und Erholungszwecke verwendetes Fahrzeug von weniger als 20 m Länge und mit einer Nutzleistung von mehr als 11,03 kW (15 PS) bzw. 3,68 kW (5 PS) und von weniger als 15 m Länge auf dem Rhein sowie einigen Landesgewässern.
- **Kleinfahrzeug** im Sinne der Binnenschifffahrtsstraßen-Ordnung ist ein Fahrzeug mit einer Höchstlänge von weniger als 20 m. Für diese Fahrzeuge ist das amtliche oder das amtlich anerkannte Kennzeichen vorgeschrieben (s. u.), ausgenommen Motorboote mit nicht mehr als 2,21 kW (3 PS) Antriebsleistung.
  Unabhängig von der Kennzeichnung müssen Sportboote von 10 m³ Wasserverdrängung und mehr ins **Binnenschiffsregister** eingetragen werden; auf Antrag können sie ab 5 m³ eingetragen werden.
  Amtliche Kennzeichen:
  - Kennzeichen vom Wasserstraßen- und Schifffahrtsamt (WSA) mit Kennbuchstaben des WSA mit 1 bis 3 Buchstaben und Ziffern
  - Binnenschiffsregisternummer, gefolgt von dem Kennbuchstaben B
  - Seeschiffsregisternummer oder IMO-Nummer für im Seeschiffsregister eingetragene Fahrzeuge
  - Nummer des vom BSH ausgestellten Flaggenzertifikats, gefolgt von dem Kennbuchstaben F

Amtliche anerkannte Kennzeichen:

– Nummer des Internationalen Bootsscheins, gefolgt von dem Kennbuchstaben der ausstellenden Organisation: DMYV (= M), DSV (= S), ADAC (= A)

Wassermotorräder führen ein amtliches von einem Wasser- und Schifffahrtsamt (WSA) zugeteiltes Kennzeichen, das aus den Kennbuchstaben des WSA mit 1 bis 3 Buchstaben und 1 bis 3 Ziffern besteht. Das Kennzeichen (10 cm hohe Zeichen) muss gut lesbar in dunkler Schrift auf hellem Grund oder umgekehrt angebracht sein.

- Der **Wasserskisport** ist Beschränkungen unterworfen. Ganz allgemein gilt: Es darf nur dort Wasserski gefahren werden, wo am Ufer blaue Hinweisschilder mit einem weißen, stilisierten Wasserskifahrer (Abb. Seite 29) und einem Dreieck (Pfeil) in Richtung der freigegebenen Strecke angebracht sind. Abgesehen von örtlichen Einschränkungen – z. B. Verbot an Sonnabenden oder Sonntagen – darf Wasserski nur zwischen Sonnenaufgang und Sonnenuntergang gefahren werden und bei einer Sicht von mehr als 1000 m.

  Die Strecken, auf denen Wasserskifahren erlaubt ist, sind im »Führer für den Binnenfahrtensport« des Deutschen Motoryachtverbandes für alle Gewässer und deren Streckenabschnitte ausgewiesen.

  Das Wasserski-Zugboot muss außer dem Bootsführer stets mit einer zweiten geeigneten Person besetzt sein, die auch in der Lage ist, das Boot zu führen. Aufgabe der zweiten Person ist die Beobachtung des Wasserskiläufers.

  Bei der Ausübung des Wasserskisportes dürfen andere Wasserbenutzer weder behindert noch gar gefährdet werden. Der Wasserskiläufer muss sich in allen kritischen Situationen oder solchen, die kritisch werden könnten, genau im Kielwasser des Zugbootes halten. Dies gilt besonders bei der Begegnung mit anderen Fahrzeugen. Das Tragen von Wasserskiwesten ist vorgeschrieben.
- **Wassermotorräder** dürfen nur auf den mit den entsprechenden Hinweistafeln (Abb. Seite 29) ausgewiesenen Wasserflächen Figuren fahren. Wanderfahrten sowie Fahrten zur nächstgelegenen zugelassenen Wasserfläche sind erlaubt, wenn ein klar erkennbarer Geradeauskurs eingehalten wird. Der Betrieb auf den freigegebenen Wasserflächen ist grundsätzlich von 07.00 bis 20.00 Uhr erlaubt, jedoch nicht vor Sonnenaufgang oder nach Sonnenuntergang. Die Sicht muss mindestens 1000 m betragen. Beim Überbordgehen des Fahrers muss der Motor automatisch abschalten oder auf kleinste Fahrstufe zurückschalten und das Boot im Kreis fahren. Fahrer und Beifahrer müssen Schwimmhilfen tragen.
- **Alkohol am Ruder** ist wie im Straßenverkehr strafbar, und zwar ab 0,5 ‰. Dies gilt für Rudergänger und Schiffsführer gleichermaßen.

Bundeswasserstraßen

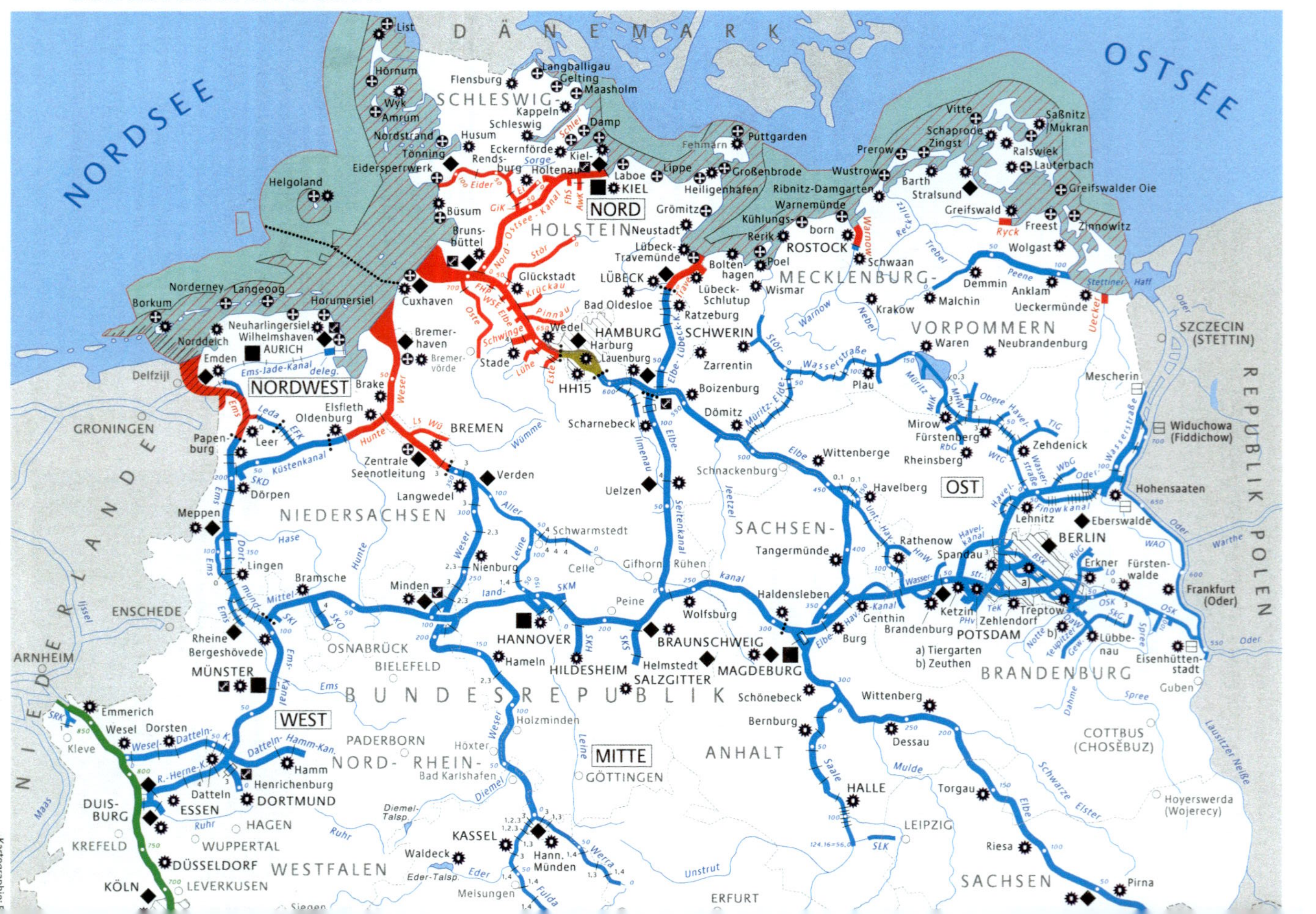

Kartographie: F

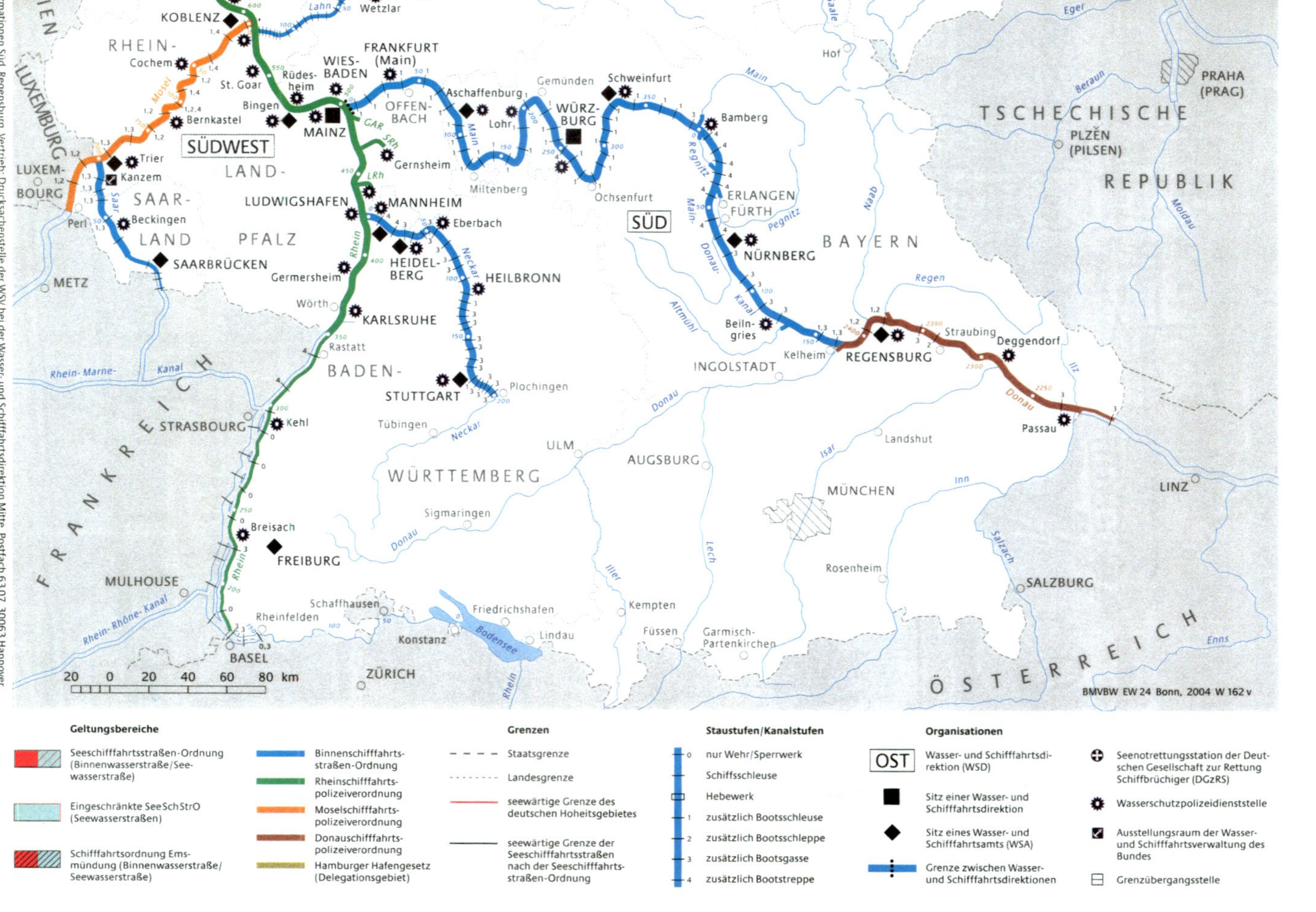

ormationen Süd, Regensburg. Vertrieb: Drucksachenstelle der WSV bei der Wasser- und Schifffahrtsdirektion Mitte, Postfach 63 07, 30063 Hannover.

Zur Übersichtskarte auf den Seiten 18/19

Die Abbildung zeigt die Geltungsbereiche der einzelnen Verordnungen (siehe Legende am unteren Rand).
Was die jeweiligen Befähigungszeugnisse betrifft, ist diese Abbildung ebenfalls hilfreich:

Blau. Im Geltungsbereich der Binnenschifffahrtsstraßen-Ordnung benötigt der Führer eines Sportfahrzeugs mit einer Nutzleistung von mehr als 11,03 kW (15 PS) und weniger als 20 m Länge (ohne Ruder und Bugspriet) bzw. auf dem Rhein 3,68 kW (5 PS) und weniger als 15 m Länge (ohne Ruder und Bugspriet) den amtlichen **Sportbootführerschein mit dem Geltungsbereich Binnenschifffahrtsstraßen.**

Auf den innerstädtischen **Wasserstraßen Berlins** ist der Sportbootführerschein mit dem Geltungsbereich Binnenschifffahrtsstraßen auch für Sportboote vorgeschrieben, die mit einer Antriebsmaschine von 3,68 kW (5 PS) und weniger ausgerüstet sind. Kleinfahrzeuge mit mehr als 2,21 kW (3 PS) müssen ein amtliches oder amtlich anerkanntes Kennzeichen führen.

Für Sportboote mit einer Länge von 20 bis 25 m (ohne Ruder und Bugspriet) ist auf den Binnenschifffahrtsstraßen der Besitz des **Sportschifferzeugnisses** oder eines anderen vom Bundesministerium für Verkehr und digitale Infrastruktur (BMVI) anerkannten Befähigungszeugnisses erforderlich.

Grün. Auf dem Rhein gilt eine Führerscheinpflicht bereits ab 3,68 kW (5 PS). Für Sportboote mit einer Länge von 15 bis 25 m ist für die Fahrt auf dem Rhein das **Sportpatent** erforderlich.

Rhein-, Mosel- und Donauschifffahrtspolizeiverordnung stimmen weitgehend überein, berücksichtigen aber lokale Besonderheiten.

Binnenschifffahrtsstraßen, Rhein, Mosel und Donau zählen zu den **Bundeswasserstraßen.**

Tag- und Nachtbezeichnung der Fahrzeuge und Schleppverbände

Am Tag

führen Wasserfahrzeuge in Form und Farbe unterschiedliche Sichtzeichen, die auf Besonderheiten des Fahrzeuges oder seiner Ladung usw. hinweisen.

Bei den Sichtzeichen handelt es sich um Flaggen oder Tafeln sowie Bälle, Zylinder, Kegel und Doppelkegel. Die verschiedenen Abmessungen dieser Zeichen liegen zwischen 0,60 m und 1 m; sie müssen von allen Seiten sichtbar geführt werden.

Bei Nacht

oder unsichtigem Wetter führen Wasserfahrzeuge entsprechende Lichter. Ihre Sichtweite ist vorgeschrieben.

Aus der Lichterführung ist erkennbar, wie ein anderes Schiff fährt – man kann seinen eigenen Kurs entsprechend wählen. Der Unterschied zum Kfz besteht also darin, dass dieses Scheinwerfer hat, um seinen eigenen Weg (Straße) auszuleuchten.

Die in den Abbildungen auf den folgenden Seiten mit einem schwarzen Punkt in der Mitte versehenen Lichter sind vom Betrachter abgewandt; sie sind in der Praxis von dieser Seite aus nicht sichtbar.

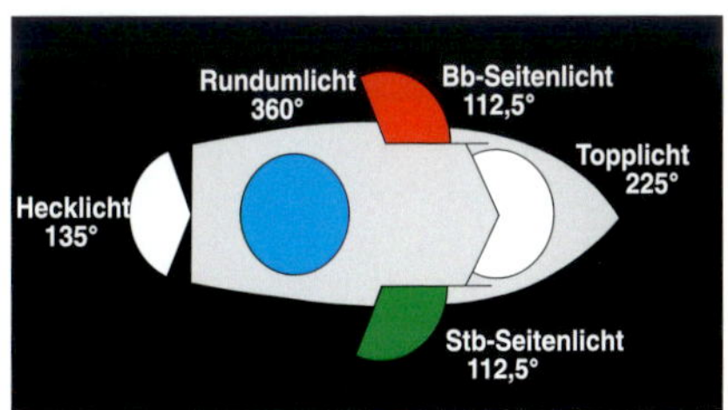

Ausstrahlwinkel der Lichter

Das **Rundumlicht** ist über den ganzen Horizontbogen sichtbar, überstrahlt also einen Vollkreis von 360°.

Das **Topplicht** scheint unbehindert über einen Horizontbogen von 225°, und zwar nach jeder Seite von recht voraus bis 22,5° achterlicher als querab.

Die **Seitenlichter** strahlen über einen Horizontbogen von jeweils 112,5°, und zwar nach Stb oder Bb von recht voraus bis 22,5° achterlicher als querab. Beide Seitenlichter gemeinsam überstrahlen also den Sektor des Topplichtes. Das Stb-Seitenlicht ist immer grün, das Bb-Seitenlicht immer rot. Auf Kleinfahrzeugen dürfen beide Seitenlichter in einer **Zweifarbenlaterne** zusammengefasst sein.

Das **Hecklicht** scheint über einen Horizontbogen von 135°, und zwar 67,5° von recht achteraus nach jeder Seite. Topplicht und Hecklicht gemeinsam überstrahlen also einen Vollkreis von 360°.

Das **Funkellicht** ist ein über den ganzen Horizontbogen sichtbares Licht mit einer Taktkennung von 40 bis 60 Lichterscheinungen je Minute.

Lichterführung von Kleinfahrzeugen,
wenn sie mit Motorantrieb fahren

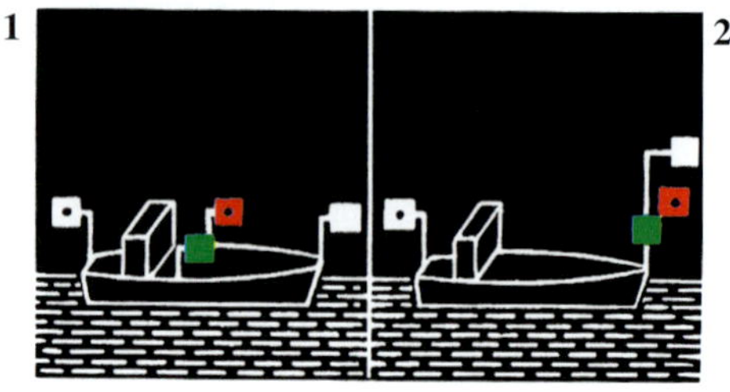

1
- Topplicht: hell statt stark, in gleicher Höhe wie die Seitenlichter und mindestens 1 m davor
- Seitenlichter: je ein rotes und grünes in gleicher Höhe
- Hecklicht

2
- Topplicht: mindestens 1 m höher als die Seitenlichter
- Seitenlichter: unmittelbar nebeneinander oder in einer Zweifarbenlaterne nahe am Bug
- Hecklicht

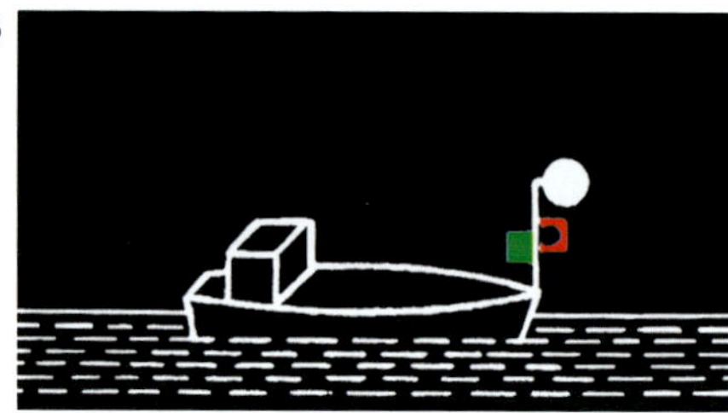

3
- Topplicht: rundum sichtbares weißes helles Licht
- Seitenlichter: wie bei 2
- Hecklicht entfällt

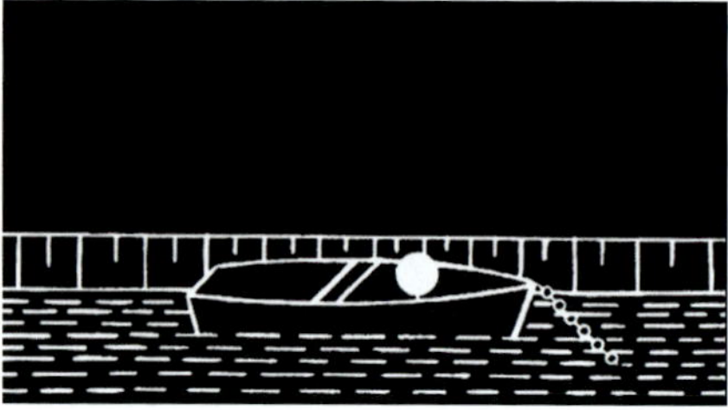

Beim Stillliegen ein von allen Seiten sichtbares weißes Licht auf der Fahrwasserseite

Schleppverbände in Fahrt

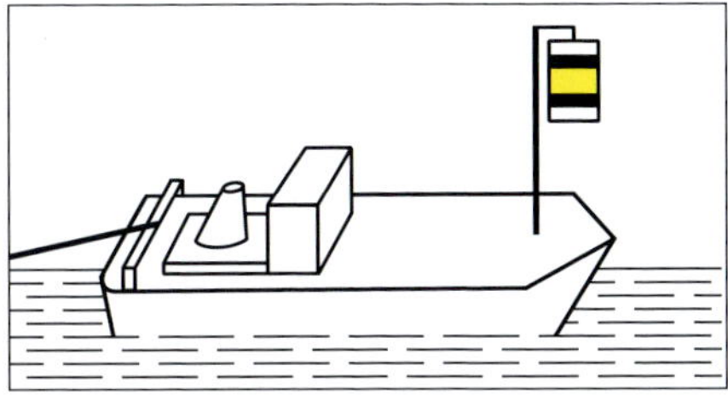

Bei Tag führen der oder die Schlepper einen Zylinder, Farbe Gelb, oben und unten mit schwarz-weißem Streifen.

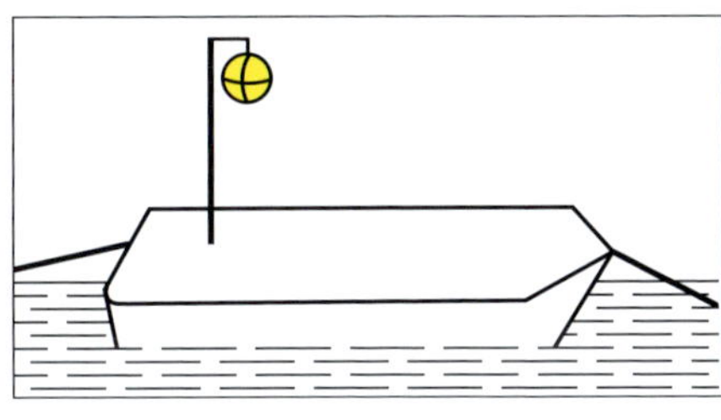

Bei Tag führt jedes Fahrzeug im Schleppverband einen gelben Ball.

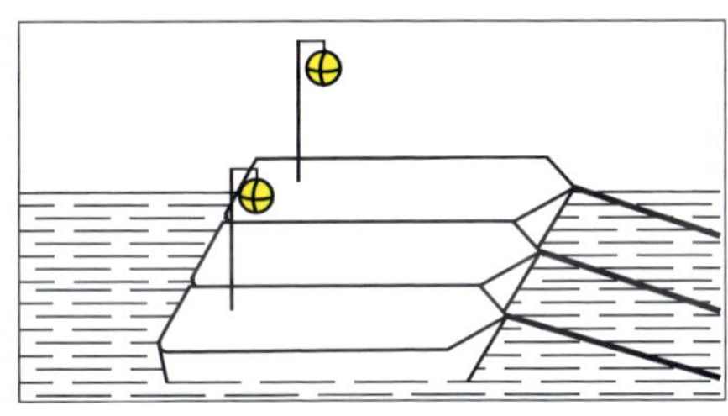

Bei Tag führen bei mehreren Fahrzeugen am Schluss des Verbandes die beiden äußeren Fahrzeuge je einen gelben Ball. Bildet ein Kleinfahrzeug (Sportboot) den letzten Anhang, so bleibt der gelbe Ball auf dem Fahrzeug der gewerblichen Schifffahrt.

Fahrzeuge der Überwachungsbehörden

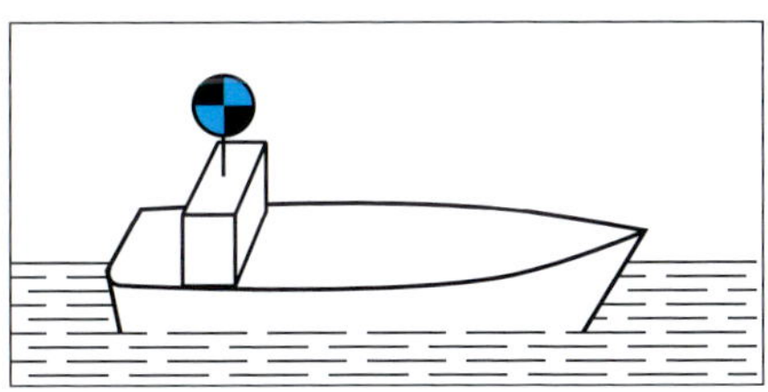

Wasserschutzpolizei, Zoll und Feuerwehr im Einsatz zeigen bei Tag und bei Nacht ein blaues Funkellicht.

Schleppverbände in Fahrt

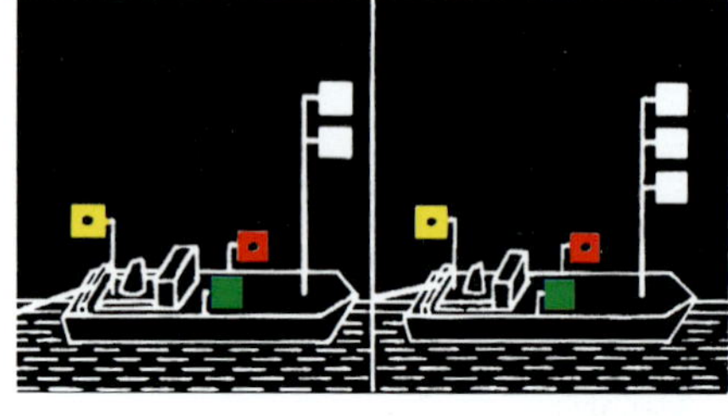

Bei Nacht
- führt ein Schlepper zwei Topplichter,
- führen mehrere Schlepper nebeneinander drei Topplichter.
- Seitenlichter
- gelbes Hecklicht

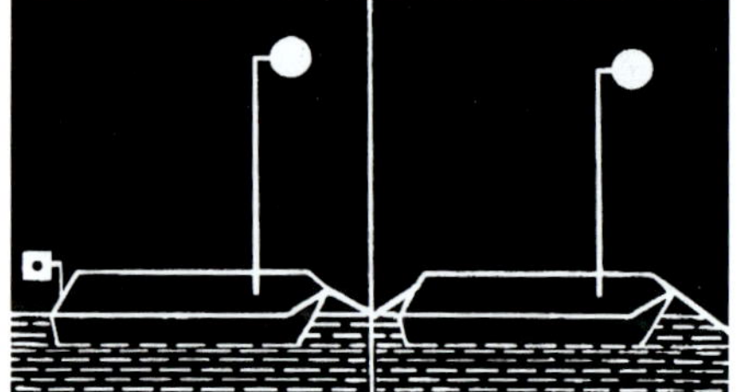

- führt das letzte Fahrzeug zusätzlich ein Hecklicht,
- führt jedes geschleppte Fahrzeug im Verband ein weißes Topplicht.

Schubverbände in Fahrt

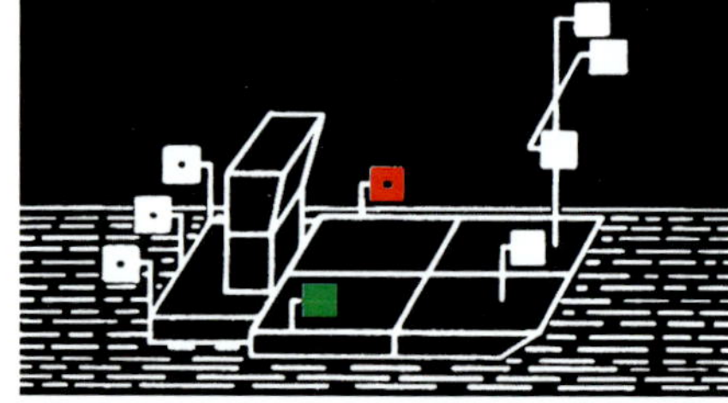

Bei Nacht:
- vorn drei Topplichter im Dreieck
- Seitenlichter
- drei Hecklichter nebeneinander

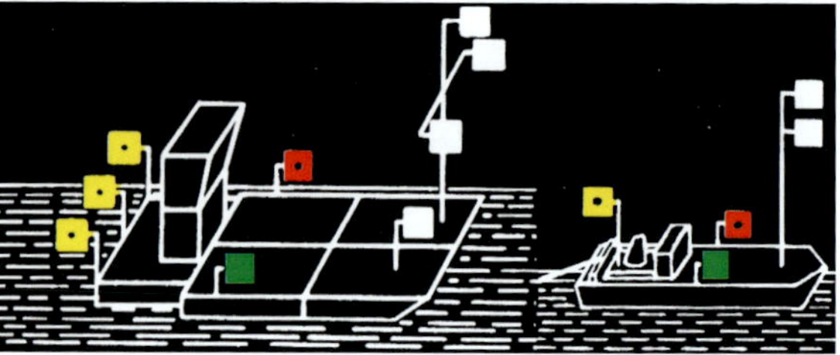

Schubverband, der geschleppt wird:
- statt der drei weißen Hecklichter drei gelbe Hecklichter

Schutz gegen Sog und Wellenschlag

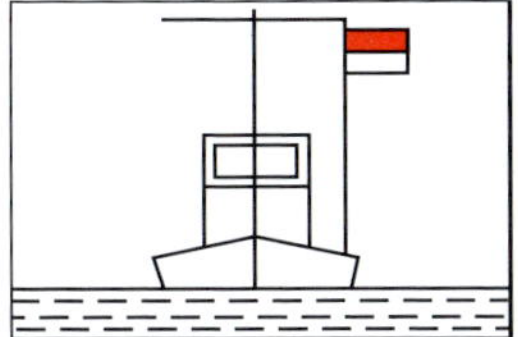

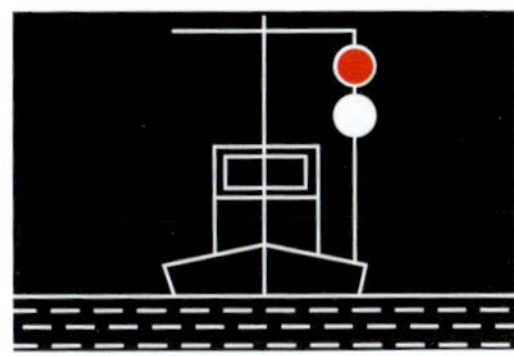

Stillliegende oder in Fahrt befindliche Fahrzeuge, Schwimmkörper oder schwimmende Anlagen, die gegen Sog und Wellenschlag vorbeifahrender Fahrzeuge geschützt werden wollen.

Fahrzeuge, die einen Vorrang haben

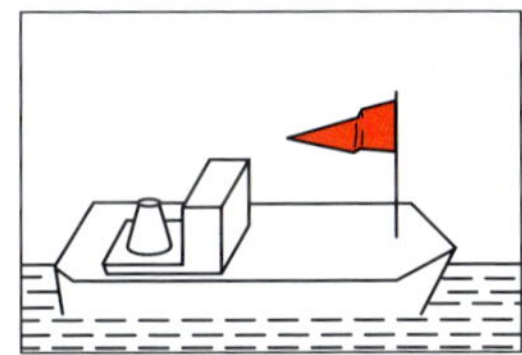

Vorrangfahrzeuge führen in Fahrt außer den anderen vorgeschriebenen Zeichen einen roten Wimpel so hoch auf dem Vorschiff, dass er gut sichtbar ist.

Fahrzeuge in Fahrt, die bestimmte gefährliche Güter befördern

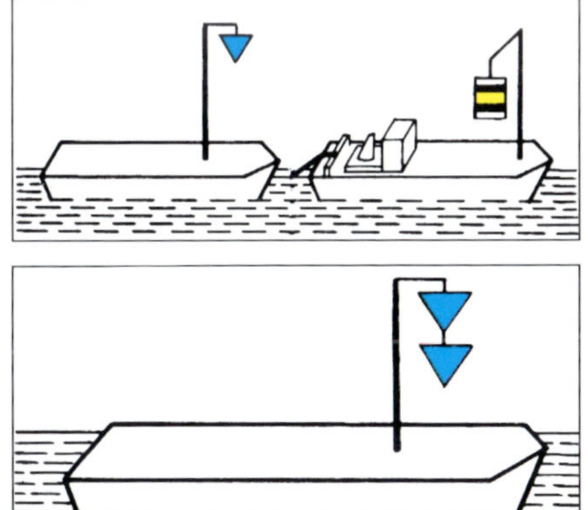

Schleppverband hat bestimmte **entzündbare** Stoffe geladen.
Mindestabstand beim Stillliegen 10 m.

Fahrzeug, das bestimmte **gesundheitsschädliche** Stoffe befördert.
Mindestabstand beim Stillliegen 50 m.

Fahrzeuge in Fahrt, die bestimmte gefährliche Güter befördern

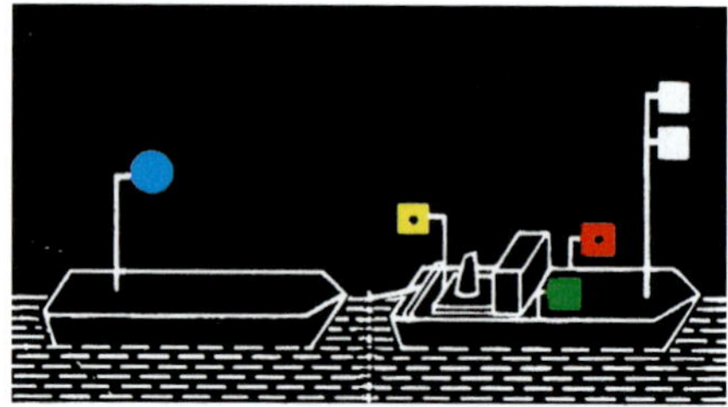

Schleppverband hat bestimmte **entzündbare** Stoffe geladen.
Mindestabstand beim Stillliegen 10 m.

Fahrzeug hat bestimmte **gesundheitsschädliche** Stoffe geladen.
Mindestabstand beim Stillliegen 50 m.

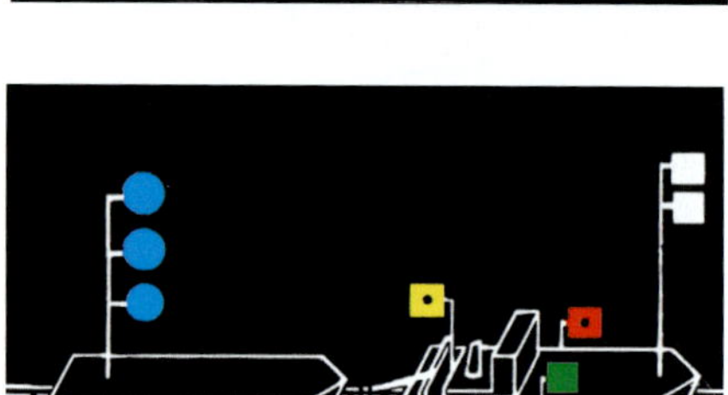

Schleppverband hat bestimmte **explosive** Stoffe geladen.
Mindestabstand beim Stillliegen 100 m.

Falls in einem Verband mehrere Fahrzeuge mit unterschiedlich gefährlichen Gütern fahren, führt das schleppende oder schiebende Fahrzeug bei Tag die Zeichen und bei Nacht die Lichter, die der höchsten Gefahrenstufe im Verband entsprechen.

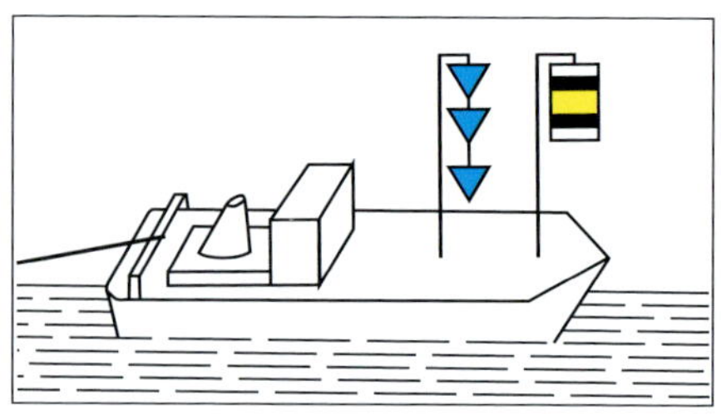

Schleppverband hat bestimmte **explosive** Stoffe geladen.

Notsignale

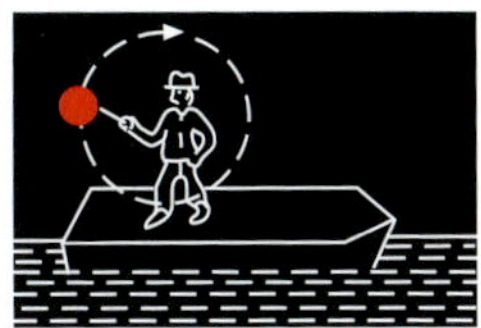

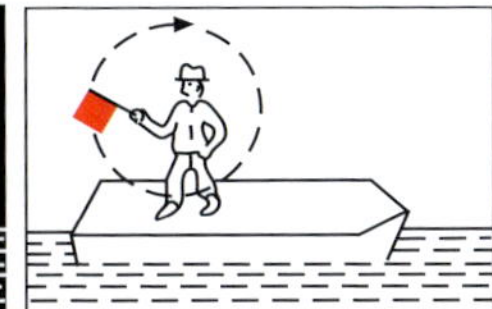

Notsignale, um Hilfe herbeizurufen: eine rote Flagge, die im Kreis geschwenkt wird, oder ein sonstiger geeigneter Gegenstand
Bei Nacht: ein Licht, das im Kreis geschwenkt wird

Schwimmendes Gerät bei der Arbeit

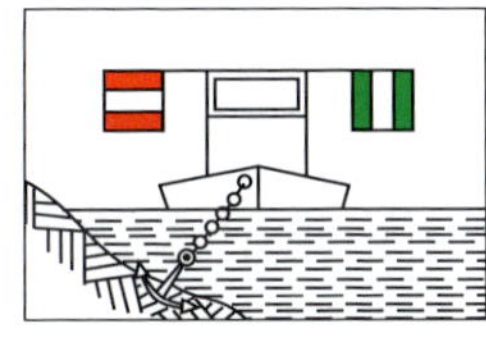

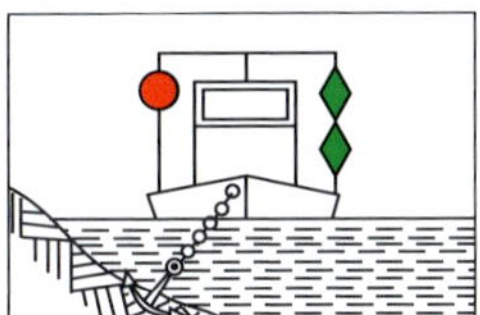

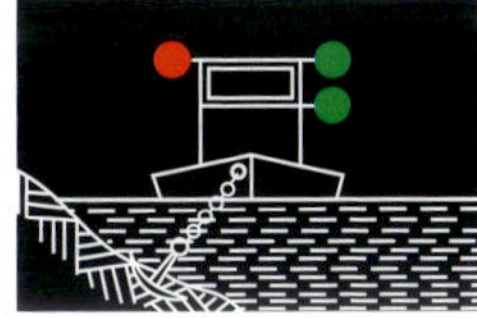

Vorbeifahrt nur an der grünen Seite gestattet

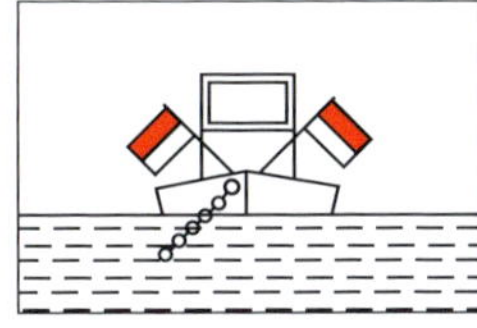

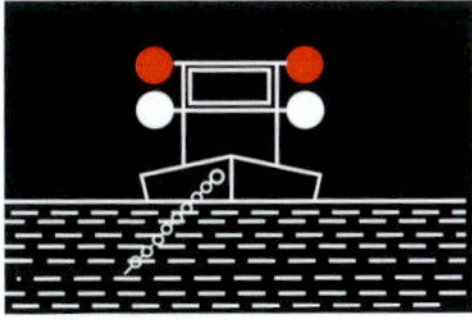

Vorbeifahrt unter Vermeidung von Sog und Wellenschlag gestattet

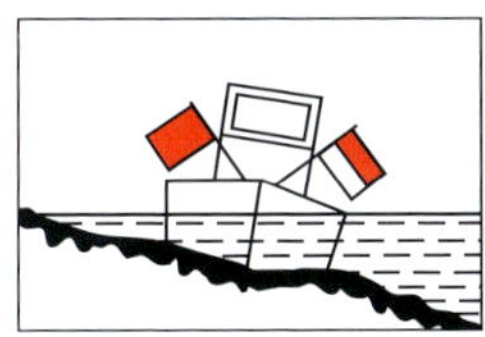

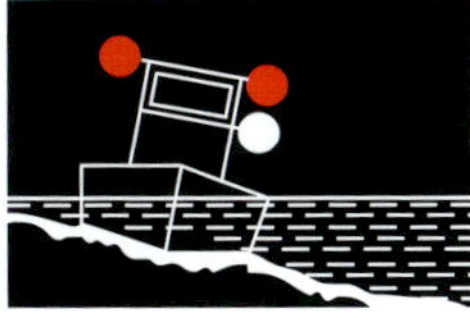

Schiff festgefahren oder auf Grund (Vorbeifahrt nur an der rot-weißen Seite)

Kleinfahrzeuge unter Segel

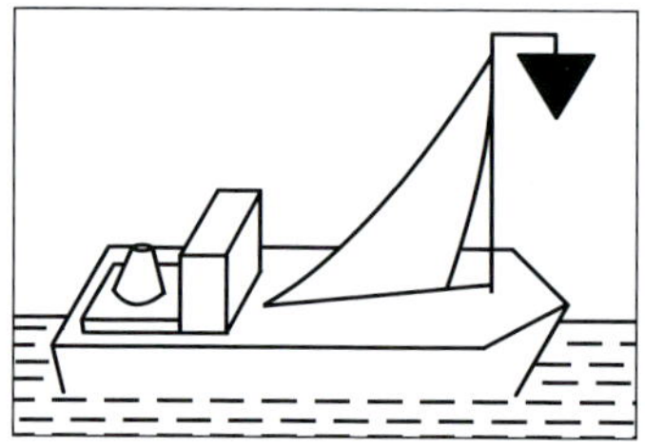

Kleinfahrzeug unter Segel bei Tag unter gleichzeitiger Benutzung der Antriebsmaschine (gilt als Maschinenfahrzeug)

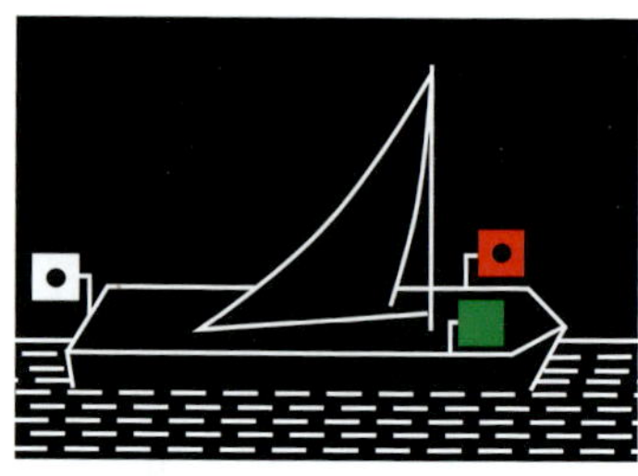

Unter Segel fahrende Fahrzeuge führen nachts Seitenlichter und ein Hecklicht. Diese 3 Lichter können in einer einzigen Laterne am Topp zusammengefasst sein. Unter Segel und Maschine laufende Fahrzeuge führen die Lichter wie ein Maschinenfahrzeug (Topplicht).

Manövrierunfähige Fahrzeuge

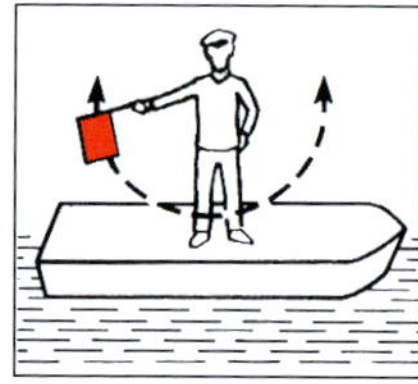

Schwenken einer roten Flagge, nachts eines rotes Lichtes, im unteren Halbkreis

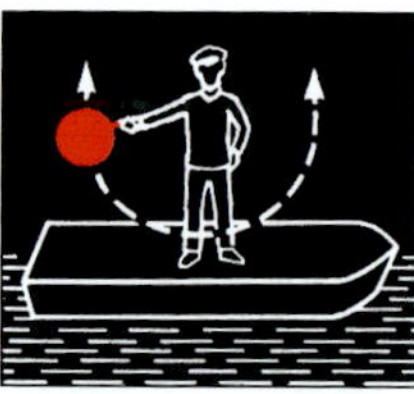

Begegnen

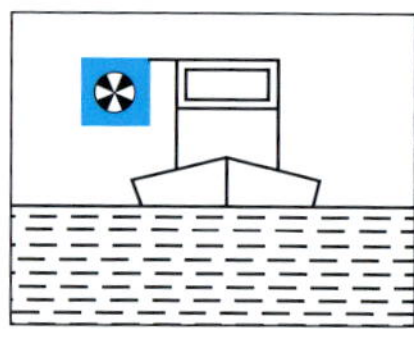

Bergfahrer, die Talfahrer an Stb vorbeifahren lassen, zeigen rechtzeitig nach Stb ein weißes Funkellicht. Tagsüber gekoppelt mit einer hellblauen Tafel.

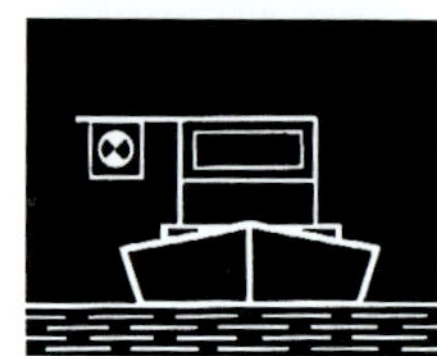

Zusätzliche Bezeichnung der Fahrzeuge, Schwimmkörper und schwimmenden Anlagen, deren Anker die Schifffahrt gefährden können

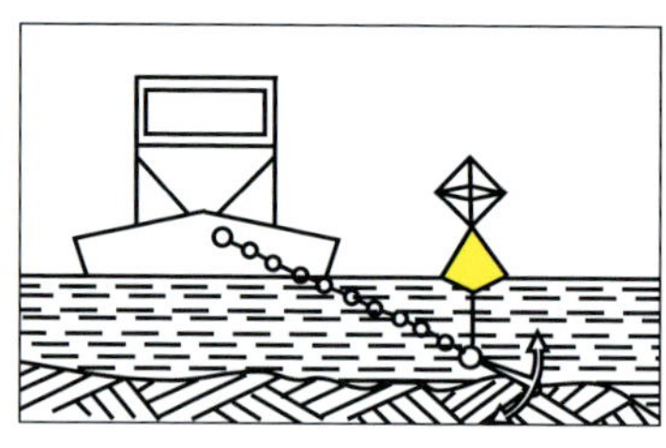

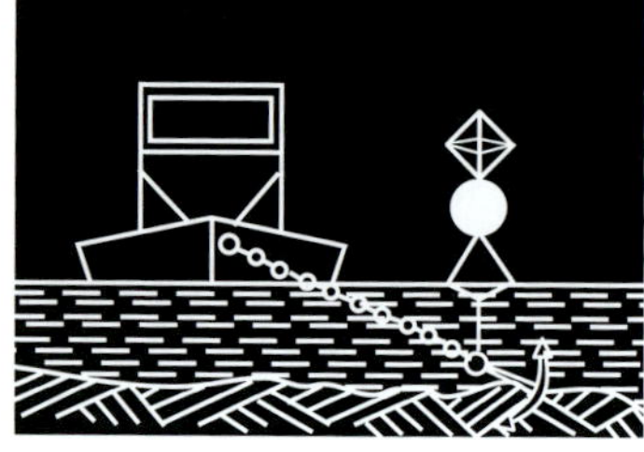

Anker durch einen gelben Döpper mit Radarreflektor, bei Nacht durch eine Tonne mit Radarreflektor und einem gewöhnlichen weißen Licht

Tafelzeichen an der Wasserstraße, am Ufer, an Brücken und an Schleusen

Mit wenigen Ausnahmen gelten alle Tafeln, Flaggen und Lichter auch für die Sportschifffahrt. Ähnlich wie im Straßenverkehr unterscheidet man Verbots-, Gebots-, Hinweis- und empfehlende Zeichen. Die Bezeichnung rechte Seite/linke Seite gilt immer von der Quelle in Richtung zum Meer, das heißt also in Fließrichtung.

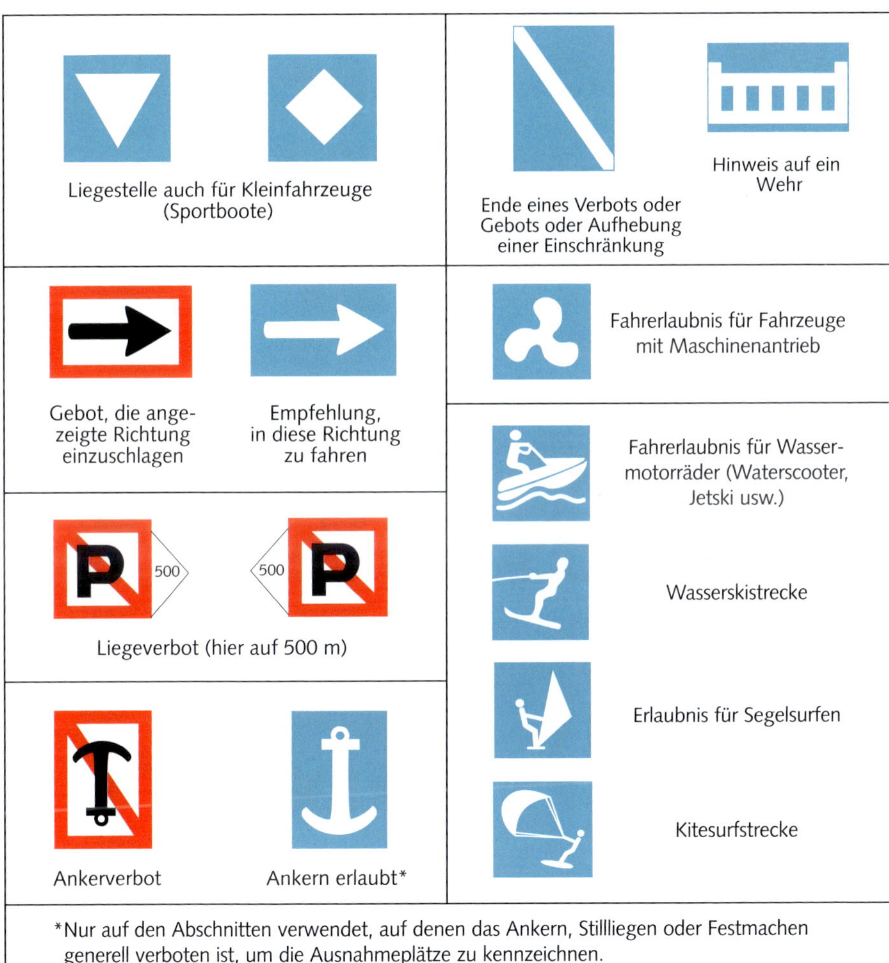

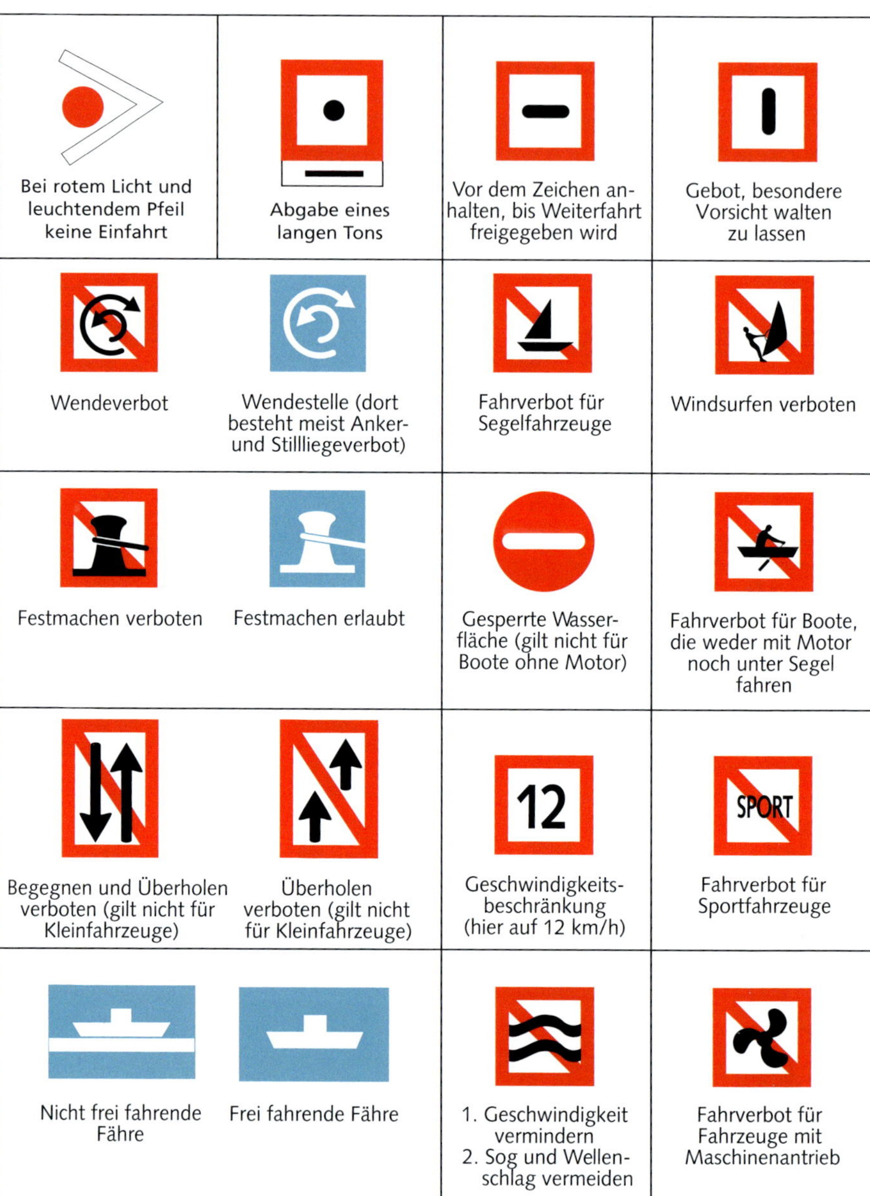
Bei rotem Licht und leuchtendem Pfeil keine Einfahrt
Abgabe eines langen Tons
Vor dem Zeichen anhalten, bis Weiterfahrt freigegeben wird
Gebot, besondere Vorsicht walten zu lassen
Wendeverbot
Wendestelle (dort besteht meist Anker- und Stillliegeverbot)
Fahrverbot für Segelfahrzeuge
Windsurfen verboten
Festmachen verboten
Festmachen erlaubt
Gesperrte Wasserfläche (gilt nicht für Boote ohne Motor)
Fahrverbot für Boote, die weder mit Motor noch unter Segel fahren
Begegnen und Überholen verboten (gilt nicht für Kleinfahrzeuge)
Überholen verboten (gilt nicht für Kleinfahrzeuge)
12
Geschwindigkeitsbeschränkung (hier auf 12 km/h)
SPORT
Fahrverbot für Sportfahrzeuge
Nicht frei fahrende Fähre
Frei fahrende Fähre
1. Geschwindigkeit vermindern
2. Sog und Wellenschlag vermeiden
Fahrverbot für Fahrzeuge mit Maschinenantrieb

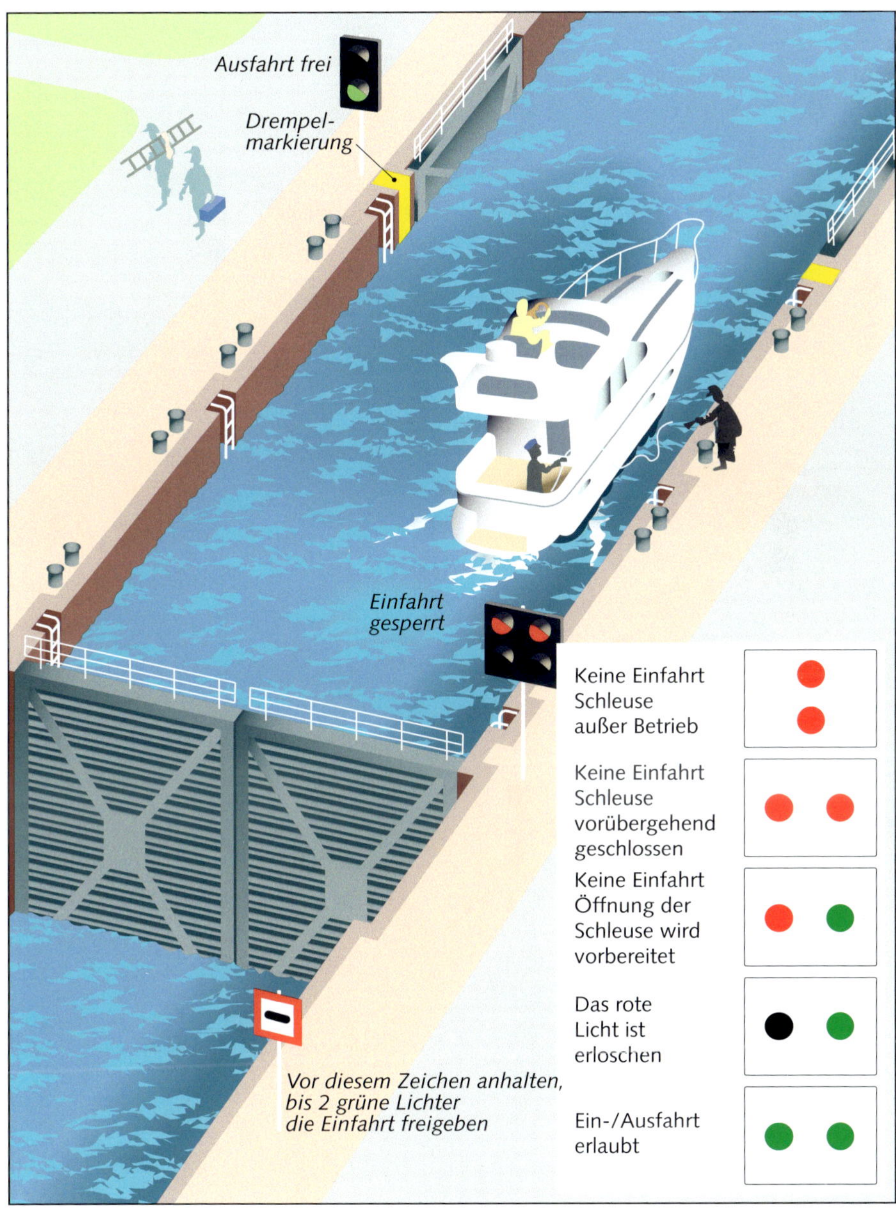

Signale an Schleusen

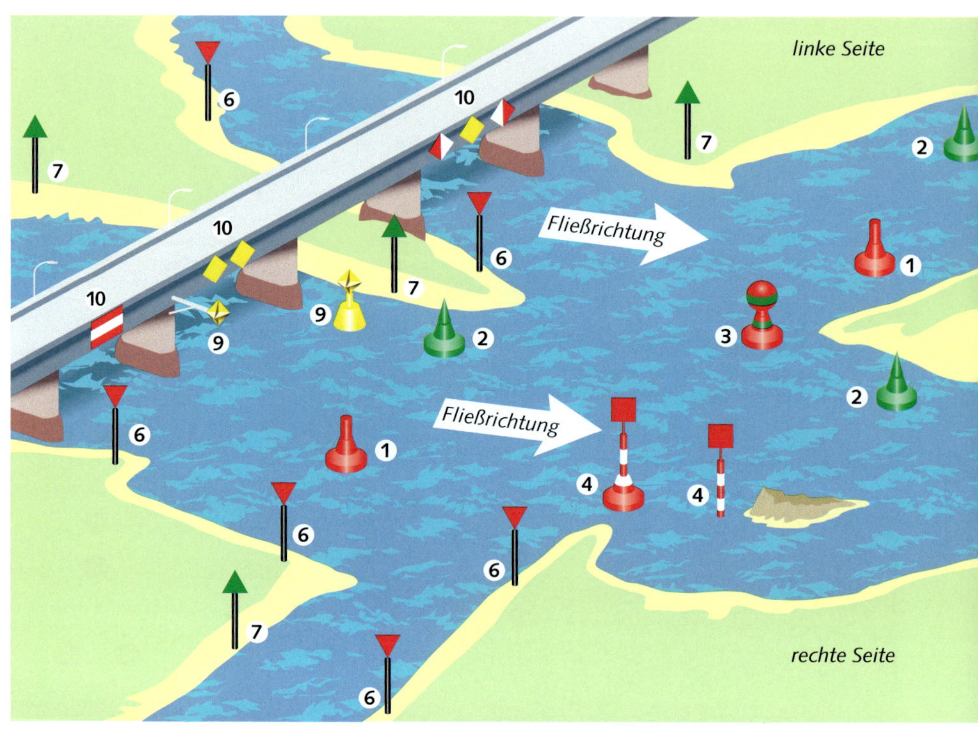

Bezeichnung der Fahrrinne sowie von Hindernissen in und an der Wasserstraße

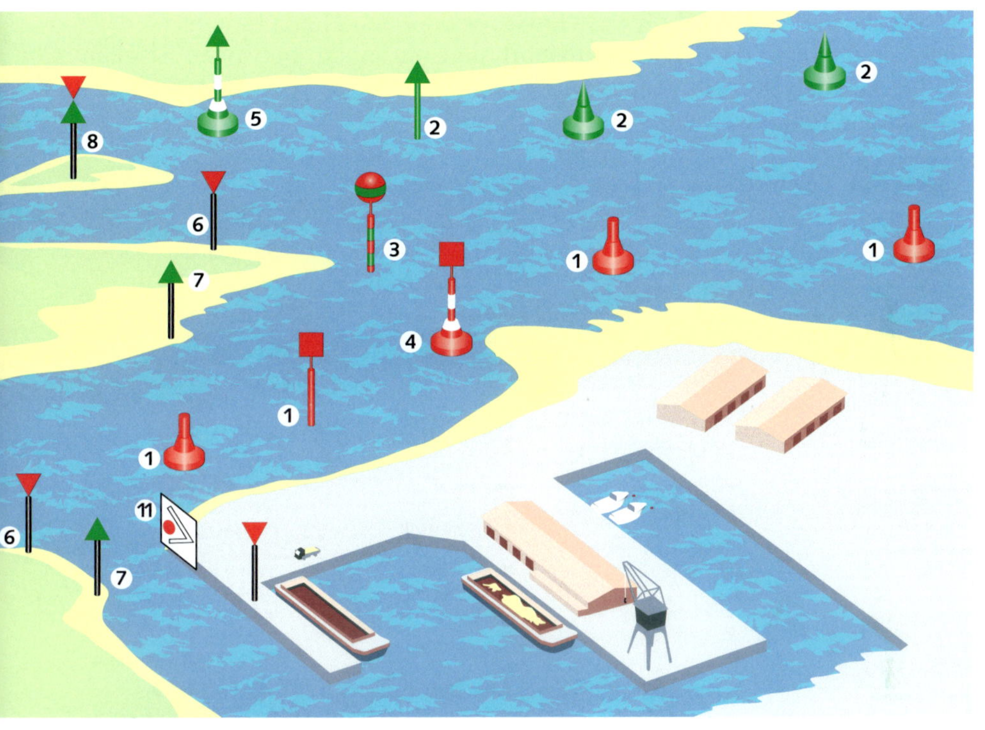

① Bezeichnung der Fahrrinne – rechte Seite (schwimmend)
② Bezeichnung der Fahrrinne – linke Seite (schwimmend)
③ Fahrrinnenspaltung (schwimmend)
④ Bezeichnung von Hindernissen – rechte Seite (schwimmend)
⑤ Bezeichnung von Hindernissen – linke Seite (schwimmend)
⑥ Bezeichnung der Wasserstraße sowie von Hindernissen in und an der Wasserstraße – rechte Seite (feste Zeichen)
⑦ Bezeichnung der Wasserstraße sowie von Hindernissen in und an der Wasserstraße – linke Seite (feste Zeichen)
⑧ Bezeichnung der Wasserstraße sowie von Hindernissen in und an der Wasserstraße – Spaltung (feste Zeichen)
⑨ Stange/Tonne mit Radarreflektor zur Bezeichnung von Brückenpfeilern
⑩ Mögliche Bezeichnungen von Durchfahrtsöffnungen
⑪ Verbot der Einfahrt in den Hafen (wenn das rote Licht brennt)

Schallsignale

In der Schifffahrt werden Schallsignale gegeben, die sich aus kurzen Tönen (von etwa 1 s Dauer) und langen Tönen (von etwa 4 – 6 s Dauer) zusammensetzen. Kleinfahrzeuge geben Schallsignale nur im Gefahrenfall oder wenn eine entsprechende Vorschrift für das Gewässer oder den Hafen besteht.
Die Schallsignale der Berufsschifffahrt sind mit einem optischen Zeichen (gelbes Licht) gekoppelt, sodass man sie nicht nur akustisch, sondern auch optisch wahrnehmen kann.

Allgemeine Zeichen

▬ 1 langer Ton	»Achtung!«
▪ 1 kurzer Ton	»Ich richte meinen Kurs nach Steuerbord«
▪▪ 2 kurze Töne	»Ich richte meinen Kurs nach Backbord«
▪▪▪ 3 kurze Töne	»Meine Maschine geht rückwärts«
▪▪▪▪ 4 kurze Töne	»Ich bin manövrierunfähig«
▪▪▪▪▪ 5 kurze Töne	»Man kann mich nicht überholen«
▪▪▪▪▪▪▪▪▪▪▪----- Folge sehr kurzer Töne	»Gefahr eines Zusammenstoßes«
▬ ▬ ▬ Wiederholte lange Töne oder Gruppen von Glockenschlägen	Notsignal

Sportbootfahrer müssen diese Schallsignale kennen, damit sie wissen, welches Manöver Schiffe der Berufsschifffahrt ausführen, um ihre eigenen Kurse und Manöver entsprechend einzurichten. Dies gilt nicht nur bei Ein- und Ausfahrten in und aus Häfen, sondern auch bei Überholmanövern, die das Fahrwasser für den Freizeitskipper oft schnell verengen können. Er ist beim Ertönen eines der obigen Schallsignale in jedem Fall ausweichpflichtig.

Wendezeichen

▬ ▪ 1 langer Ton 1 kurzer Ton	»Ich wende über Steuerbord«
▬ ▪▪ 1 langer Ton 2 kurze Töne	»Ich wende über Backbord«

Überholzeichen

▬ ▬ ▪ 2 lange Töne 1 kurzer Ton	»Ich will auf Ihrer Steuerbordseite überholen«
▬ ▬ ▪▪ 2 lange Töne 2 kurze Töne	»Ich will auf Ihrer Backbordseite überholen«

Zeichen bei der Einfahrt in und der Ausfahrt aus Häfen und Nebenwasserstraßen

▬ ▬ ▬ ▪ 3 lange Töne 1 kurzer Ton	»Ich will meinen Kurs nach Steuerbord richten«
▬ ▬ ▬ ▪▪ 3 lange Töne 2 kurze Töne	»Ich will meinen Kurs nach Backbord richten«
▬ ▬ ▬ 3 lange Töne	»Ich will überqueren«
▪ ▬ ▪ ▬ ▪ ▬ Folgen von kurzen und langen Tönen	**Bleib-weg-Signal:** »Meinen Bereich meiden – Gefahr«

Sicherheitsvorschriften

Die Sicherheitsvorschriften beziehen sich auf das Verhalten während der Fahrt, das heißt Ausweich- und Überholregeln, Notsignale und Hilfeleistung. Das im Binnenfahrtbereich so wichtige Thema Schleuse findet hier seinen Niederschlag, da bei der Schleusung das Verhalten der gewerblichen Schifffahrt berücksichtigt werden muss.
Sicherheitsvorschriften für Schiff und Besatzung gibt es nicht nur von Seiten des Gesetzgebers, sondern auch von Berufsgenossenschaften, Versicherungsgesellschaften usw. Sinngemäß sind sie ebenfalls für Kleinfahrzeuge und damit auch für Sportboote anzuwenden.

Ausweichen

Beim Entgegenkommen weichen Motorboote allen Fahrzeugen der Berufsschifffahrt und allen nicht durch Motor angetriebenen Sportbooten aus. Sportboote mit Maschinenantrieb (also auch Segelboote unter Motor, selbst wenn sie gleichzeitig segeln, auch Paddelboote mit Seitenbordern usw.) weichen untereinander grundsätzlich nach Steuerbord (rechts) aus. Beim Kreuzen der Kurse von Motorbooten muss das von Backbord (links) kommende Fahrzeug ausweichen. (Abbildungen dazu auf Seite 36.)
Alle diese Manöver sind klar und deutlich auszuführen, damit es keine Irrtümer geben kann. Dazu gehört auch, dass das zu überholende Boot Geschwindigkeit und Kurs während des Überholvorganges nicht ändern darf. Motorboote weichen Segelbooten in großem Bogen um das Heck herum aus. Der Berufsschifffahrt müssen alle Sportboote in jedem Fall ausweichen.

Schleppen

Wer Schlepphilfe benötigt, winkt auf dem Vorschiff stehend – bei kleinen Booten stehend in der Plicht – mit der Abschleppleine.
Wird Bord an Bord abgeschleppt, so müssen genügend Fender vom Havaristen ausgebracht und der Bootshaken muss bereitgehalten werden.
Beim Abschleppen müssen die Leinen so belegt werden, dass sie im Gefahrenfall sofort gelöst werden können. Notfalls muss man sie kappen.
Das gilt ebenfalls für das Bug-über-Heck-Abschleppen, wobei die Schleppleine möglichst weit vorn am Bug und in jedem Falle in der Mitte des Vorschiffes belegt werden muss.

weiter Seite 37

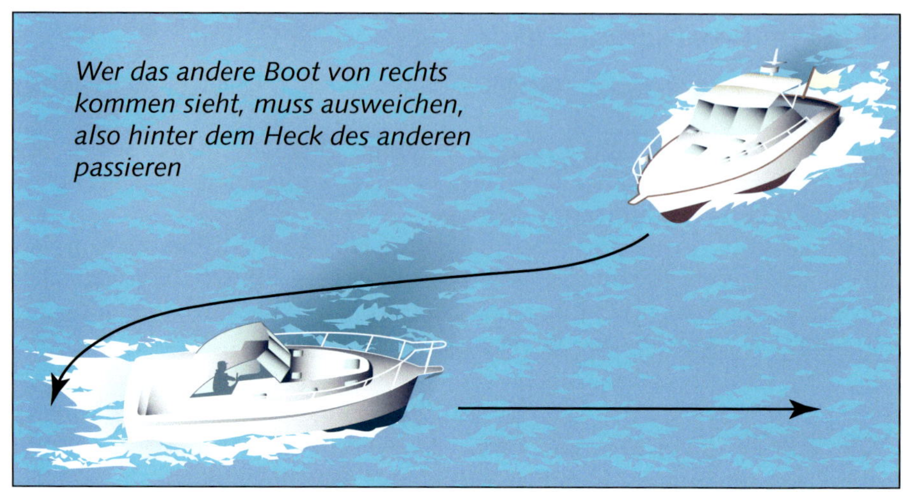

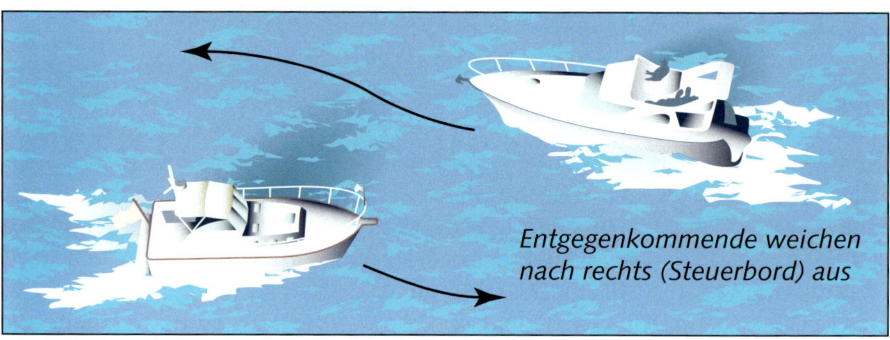

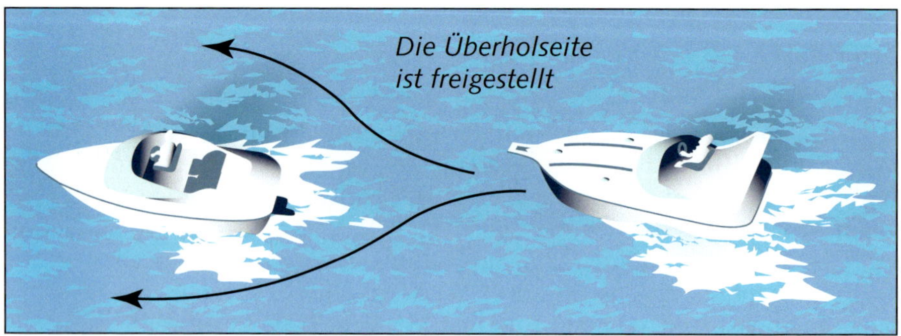

Kreuzen – Begegnen – Überholen

Als Führer des schleppenden Bootes muss man unbedingt darauf achten, langsam anzuschleppen, nicht zu »rucken« und so zu fahren, dass die Schleppleine nicht in den eigenen Propeller geraten kann.

Schleusen

Schleusen sind Wasserkammern, in denen Schiffe Höhenunterschiede überwinden. Diese Höhenunterschiede entstehen durch Wehre, die das Wasser anstauen, um größere Wassertiefen zu erhalten. Gleichzeitig wird damit die Fließgeschwindigkeit verringert. Das Flussbett des Oberwassers endet in der Schleusenkammer nahe dem oberen Tor.
Die entstandene Stufe zwischen dem Bett des Oberwassers und dem Bett des Unterwassers heißt **Drempel.** Da der Drempel bei gefüllter Schleuse überspült ist, hat er eine senkrechte gelbe Markierung (vgl. Abbildung Seite 31). Somit ist erkennbar, wie weit er in die Kammer hineinragt. Es ist also notwendig, beim Abschleusen auf die Markierung zu achten, das heißt sie hinter sich zu lassen, damit das Heck beim Ablassen des Wassers nicht dort aufsitzt.
Schleusen sind unterschiedlich konstruiert. Der Führer eines Motorbootes muss deshalb seine Manöver – Einfahrt, Schleusenvorgang auf oder ab, Ausfahrt – der jeweiligen Schleuse anpassen.
In Deutschland gibt es auf einigen Schifffahrtsstraßen neben den Großschleusen für die Berufsschifffahrt auch kleine Schleusen für Sportboote. An Sportboot-Schleusen hängt die Bedienungsanleitung für den Bootsführer auf großen Tafeln aus.
Die Lichtsignale an den Schleusen der Berufsschifffahrt (vgl. Seite 31) gelten ebenfalls für die Sportschifffahrt. Sportboote fahren grundsätzlich erst hinter der Berufsschifffahrt oder aber auf Anweisung des Schleusenpersonals in die Großschleusen ein.
Das Boot muss so gesichert werden, dass es in der Schleusenkammer nicht treiben kann. Bei großen Motorbooten geschieht das in der Regel durch Leinen. Leinen dürfen jedoch nicht fest belegt werden. Sie müssen so schnell gehandhabt werden können, dass das Boot dem Auf oder Ab des Wasserstandes in der Schleuse folgen kann.

Schleusengebühren. Für seine Motorbootfahrer zahlt der Deutsche Motoryachtverband anteilig jedes Jahr eine Pauschale an das Finanzministerium zur Abgeltung der Schleusengebühren.

Mensch über Bord

- Der Bootsführer muss sofort das Heck und damit den Propeller vom Überbordgegangenen wegbringen und auskuppeln, damit der Verunglückte nicht durch den Sog des Bootes unter das Heck und damit in die Schraube gezogen wird. Da der Oberkörper Auftrieb hat, sind die Beine im höchsten Maße gefährdet.
- Unmittelbar danach, möglichst gleichzeitig, muss dem Treibenden Rettungsweste oder Rettungsring zugeworfen werden, damit er sich erst einmal allein über Wasser halten kann.
- Erst wenn der Treibende außerhalb der Sogwirkung des Propellers ist, wieder einkuppeln und das Boot unter Berücksichtigung von Strom und Wind mit dem Bug an den im Wasser Treibenden heranbringen. Dann wieder auskuppeln. Vorsicht: Bei vielen Motoren läuft auch im Leerlauf der Propeller noch langsam mit (wie die Kriechwirkung bei den automatischen Getrieben beim Pkw).
- Bei starker Strömung darauf achten, dass der Treibende nicht unter das Boot gedrückt wird. Auf jeden Fall das Boot mit dem Überbordgegangenen treiben lassen.
- Das Anbordnehmen ist abhängig von Größe und Konstruktion des Bootes, örtlichen und anderen Gegebenheiten. Ohne Hilfsmittel ist es sehr schwierig – schon eine Badeleiter kann dabei große Dienste leisten.
- Erst dann wieder einkuppeln, wenn der Verunglückte an Bord genommen werden konnte.

Havarie

Unter Havarie bei Motorbooten versteht man jeden Schaden, der die Fahreigenschaften erheblich beeinträchtigt oder gar zu einer Gefahr für Boot und/oder an Bord befindliche Personen werden könnte.
Wie bei jedem anderen Unfall auch ist es erste Pflicht, Menschen außer Gefahr zu bringen. Erst dann soll man das Fahrwasser räumen, das Boot retten oder auf Land setzen, wobei alle diese Tätigkeiten natürlich auch immer ineinander übergehen und miteinander verbunden sein können. Der Tatbestand der Havarie wird erst anschließend aufgenommen.
Bei jeder größeren Havarie und bei jedem Personenschaden muss die nächste Dienststelle der Wasserschutzpolizei oder, wenn diese nicht erreichbar ist, die nächste Polizeidienststelle an Land benachrichtigt werden.

Manövrierunfähigkeit

Manövrierunfähig kann ein Boot durch Ausfall der Antriebsmaschine oder Blockieren des Propellers bzw. des Ruders durch einen Fremdkörper werden. Fremde Hilfe ist in der Regel noch nicht erforderlich, da es oft gelingt, Maschine, Propeller bzw. Ruder mit Bordmitteln wieder klar zu bekommen – das heißt, es ist noch keine Notlage eingetreten, die eine Inanspruchnahme fremder Hilfe notwendig macht.
Die eigene Manövrierunfähigkeit muss jedoch allen sich nähernden Fahrzeugen, insbesondere der Schiffsführung von Berufsschiffen, erkennbar gemacht werden durch wiederholte lange Töne. Dieses Schallzeichen ersetzt oder ergänzt die Sichtzeichen auf Seite 28 Mitte, damit Maßnahmen getroffen werden, um das manövrierunfähig im Fahrwasser treibende Fahrzeug nicht zu überlaufen.
Falls die Manövrierunfähigkeit nicht schnell mit Bordmitteln behoben werden kann, tritt eventuell eine Notlage ein, die fremde Hilfe von außen erforderlich macht (z. B. Abschleppen aus dem Fahrwasser). Fremde Hilfe fordert man durch kreisförmiges Schwenken einer roten Flagge bzw. eines Lichtes an (vgl. Seite 27 oben). Als Notzeichen kann anstatt der Flagge auch ein anderer Gegenstand im Kreis geschwenkt werden (z. B. ein Hemd).

Sicherheitsausrüstung und sonstige Sicherheitsanforderungen

Die Sicherheitsausrüstung gibt es sowohl für das Schiff selbst – und entsprechend dem Schiff gibt es Unterschiede – als auch für die an Bord befindlichen Personen.

Für das Boot sollten stets an Bord sein: Lenzpumpe oder Ösfass (Wasserschaufel), Feuerlöscher, Anker, Schlepptrosse, Leinen, Bootshaken, Reserve-Kraftstoffkanister, Werkzeug, wichtige Ersatzteile usw. Weiterhin ein Schallgerät: eine geeignete Hupe oder ein Signalhorn.

Für jede Person an Bord ist eine ohnmachtsichere Rettungsweste oder/und ein Rettungsring erforderlich. Ein Erste-Hilfe-Kasten gehört zur Ausrüstung; er sollte wasserdicht sein und regelmäßig überprüft bzw. sein Inhalt erneuert werden.
Zusätzliche Sicherheit gibt nicht zuletzt auch richtige Bekleidung, so z. B. rutschfeste Bootsschuhe oder Gummistiefel, eng anliegende und warme Kleidung sowie möglichst auch vor Unterkühlung schützende Regenschutzbekleidung.

Kraftstofftanks

Beim Kraftfahrzeug können flüssige Kraftstoffe und Gase aus dem nach unten offenen Motorraum ungehindert auf die Straße entweichen. Außerdem kommt Luft – und damit auch Kühlung – ständig an den Motor heran. Im Motorboot dagegen sind Einbaumotor und Kraftstofftank wie in einer Wanne montiert. Kraftstoffe und Gase können nicht abfließen, und es gibt auch von unten her keine Frischluftzufuhr zum Motor. Damit besteht erhöhte Explosionsgefahr!
Da Gase sich am tiefsten Punkt des Bootes sammeln und von dort nicht richtig abfließen können, muss man entsprechende Schutzmaßnahmen treffen: Alle Räume – seien es Bilgen unter dem Fußboden, Motorraum oder Kajüten usw. – müssen sofort nach dem Anbordgehen geöffnet und gut belüftet werden. Und zwar ehe jemand an Bord eine Zigarette anzündet, irgendeinen elektrischen Schalter betätigt oder gar den Motor startet.
Diese unbedingt erforderliche Belüftung kann natürlich auch mit elektrisch betriebenen Belüftungsgeräten geschehen. Zusätzliche Sicherheit geben sogenannte »Gasschnüffler«, die durch Summerton oder ein optisches Signal anzeigen, wenn sich Gase im Boot befinden.

Gasflaschen an Bord

Für die Verwendung von Gas an Bord (Propan, Butan oder Gemische) – sei es für Kocher, Lampen oder Ähnliches – und für Einbau sowie Lagerung der Gasbehälter gibt es genaue Vorschriften. Gasflaschen sollen möglichst an Deck, geschützt vor Sonneneinstrahlung, sonst nur in gesonderten, abgeschlossenen und gasdichten Räumen montiert werden, die in Bodenhöhe über eine Öffnung nach außenbords verfügen.
Auch Gasleitungen dürfen nur von zugelassenen Fachleuten verlegt werden und müssen alle zwei Jahre überprüft werden. Das gilt für die Anlage der mit Gas betriebenen Kocher, Kühlschränke usw. gleichermaßen, für die besondere Sicherheitsbrenner vorgeschrieben sind. Im Übrigen empfiehlt es sich, bei Nichtgebrauch der Gasgeräte nicht nur deren Hähne zu schließen, sondern stets auch den Haupthahn an der Gasflasche sowie alle Absperrventile.

Feuerlöscher

Der Mindestinhalt eines Bordfeuerlöschers sollte bei einer Motorleistung bis 20 kW 2 kg betragen, darüber 6 kg.
Anzahl und Anbringungsort richten sich nach der Größe des Bootes. In erster Linie sollte ein Feuerlöscher so nahe dem Steuerstand frei aufgehängt und griffbereit sein, dass er durch den Bootsführer bedient werden kann, ohne den Steuerstand verlassen zu müssen.
Weitere Feuerlöscher befestigt man offen an besonderen Gefahrenpunkten, wie z. B. nahe dem Herd an der Pantry, bei größeren Booten auch neben dem Vorluk. Keinesfalls dürfen Feuerlöscher im Motorraum oder in der Bilge montiert werden, da man sie dort im Brandfall zu spät oder gar nicht mehr erreicht, weil sie eventuell schon vom Feuer erfasst sind. Für Motorräume und Kajüten gibt es auch stationäre Feuerlöschanlagen mit automatischer oder Handbedienung vom Steuerstand aus.
Feuerlöscher müssen vor Korrosion geschützt, laufend gepflegt und bei Verfalldatum neu gefüllt werden. Mindestens alle 2 Jahre ist eine Überprüfung durch Sachkundige bzw. den autorisierten Kundendienst der Lieferfirma (Prüfplakette) vorgeschrieben.
ABC-Löscher sind ebenso zulässig wie die Gaslöscher vom Typ FM-200, die dem Brandherd den Sauerstoff entziehen.

Batterien

Ob ein Boot im Gefahrenfall schnell zu starten ist, ob seine Lichter einwandfrei funktionieren oder auch Schallsignale gegeben werden können, hängt nicht zuletzt von der Batterie ab und davon, dass sie aufgeladen ist. In keinem Fall darf bei Stillstand des Motors so viel elektrischer Strom verbraucht werden (Beleuchtung, Kühlschrank usw.), dass der Ladestrom so weit absinkt, dass der Motor nicht mehr zu starten ist. Ein Amperemeter sollte nie an Bord fehlen.

Wenn Platz ist, empfiehlt sich eine Anlage mit zwei Batterien: eine ausschließlich für Lichter und Starter, die andere ausschließlich für nebensächliche Stromverbraucher.

Batterien funktionieren jedoch nur, wenn sie laufend geladen und gepflegt werden. Moderne wartungsfreie Batterien können nicht mit dem Säureheber geprüft werden.

Seemannschaft

An Bord gibt es eine Vielzahl von seemännischen Arbeiten, die sich aber je nach Bootsart und Bootsgröße so sehr voneinander unterscheiden, dass an dieser Stelle nur einige grundsätzliche Dinge eingehend behandelt werden können.

Leinen

Leinen an Bord werden für vieles gebraucht. Eine reichlich bemessene Ausstattung ist für die Sicherheit von Crew und Boot unerlässlich.

- Materialart, Länge und Stärke einer Leine richten sich nach ihrem Verwendungszweck. Kürzer als 5 m nützt keine Leine etwas. Festmacheleinen sollten 20 und mehr Meter lang sein. Kurze Bändsel aller Stärken kann man zusätzlich stets brauchen.
- Jede Art von Tauwerk an Bord nennt man Leine oder Ende (das Ende eines Endes dagegen Tampen). Als Material werden weitgehend Kunstfasern verwendet. Nylon und Perlon sind gut dehnungsfähig, während Terylene sich kaum dehnt.
- Die Festigkeit einer Leine an Bord sollte mindestens das Fünffache der möglichen Belastung ausmachen. Lieber also zu starke als zu schwache Leinen verwenden.
- Leinen sollen laufend kontrolliert werden auf Scheuerstellen (schamfilen) und Verknotungen (Kinken). Sie sind so aufzubewahren, dass sie stets gebrauchsfähig sind. Am besten ist es, Leinen »aufzuschießen« und dann aufzuhängen. Nicht in eine Backskiste oder gar unter Sitze stopfen!

Knoten

Von den vielen Knoten der Handels- und Passagierschifffahrt, der Fischerei und Kriegsmarine wird von der Freizeitschifffahrt nur noch ein Dutzend benötigt. Bei Bergsteigern und der Feuerwehr sind identische Knoten, jedoch unter teilweise anderen Bezeichnungen im Gebrauch.

Der **Kreuzknoten.** Er dient zum Verbinden zweier gleich starker Enden aus gleichem Material, um eine für jeden Zweck feste Verbindung und damit Verlängerung zu schaffen.

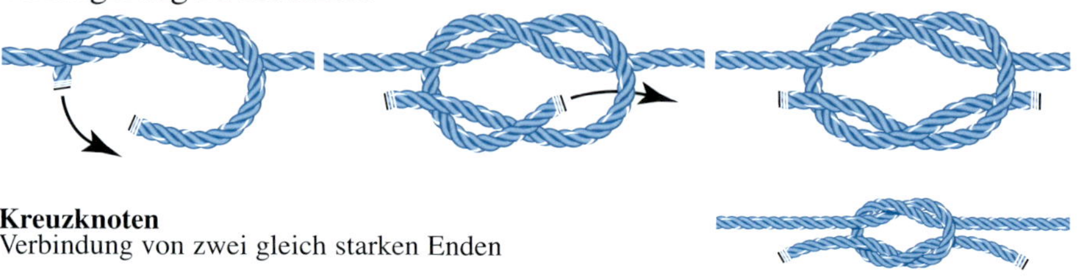

Kreuzknoten
Verbindung von zwei gleich starken Enden

Der **Webeleinstek** dient zum Belegen an einem Poller, an der Reling, aber auch zum Anstecken eines Endes an einen festen Gegenstand.

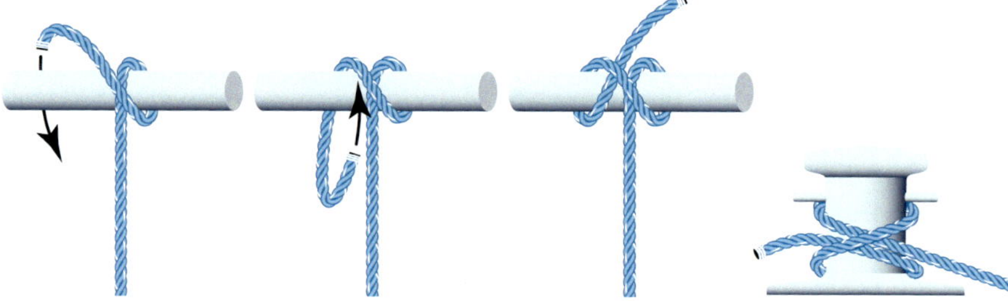

Webeleinstek
Vorübergehendes Belegen am Poller und Festmachen der Fender, zur Sicherheit zusätzlich einen bzw. zwei halbe Schläge hinzufügen.

Der **Schotstek,** einfach und doppelt, dient zum Zusammenstecken von zwei ungleich starken Enden. Wird z. B. benötigt, um die leichte Wurfleine am schweren Festmacher anzustecken. Bei »glatten« Enden, z. B. aus Kunstfaser, empfiehlt sich der doppelte Schotstek.

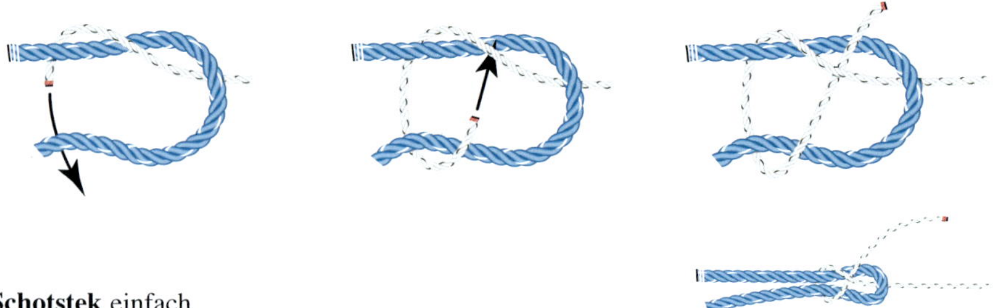

Schotstek einfach

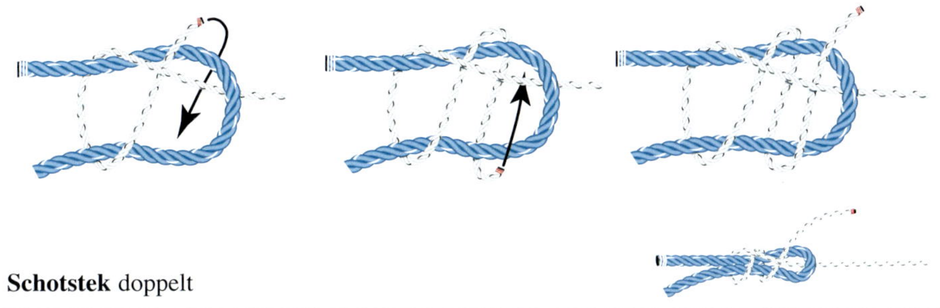

Schotstek doppelt

Den **Palstek** in Form einer sich nicht zuziehenden Schlinge benötigt man vor allem zum Festmachen des Bootes, indem man diese Schlinge über einen Pfahl oder Poller legt.

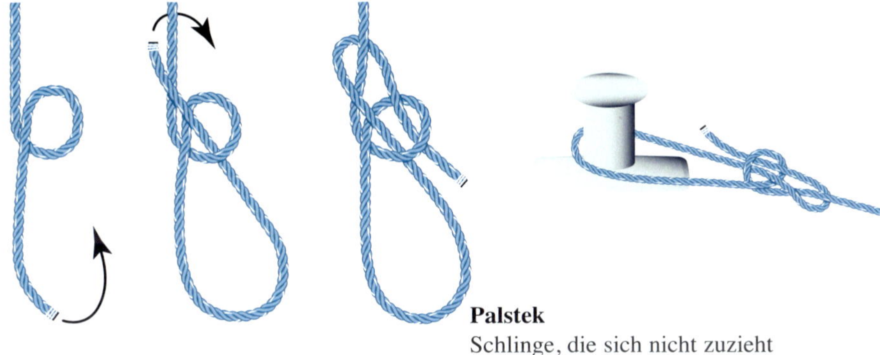

Palstek
Schlinge, die sich nicht zuzieht

Der **Kopfschlag** dient dazu, den nach einem nicht vollen Törn und einigen Achttörns an einer Klampe belegten Festmacher durch Bekneifen zu sichern. Da ein steif geholter Kopfschlag bei nass gewordenem Festmacher sich kaum wieder lösen lässt, kann er auch in Form eines Slipsteks angewendet werden. Dazu fährt man unter dem letzten Achttörn mit einer Bucht des losen Tampens hindurch, die sich bekneift und später durch Holen leicht loszuwerfen ist.

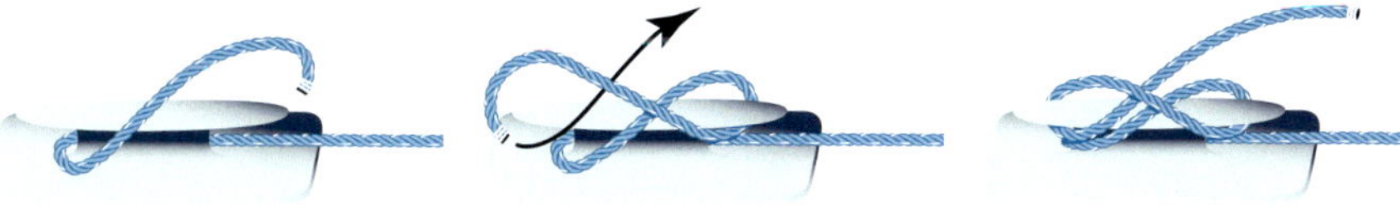

Kopfschlag
Belegen einer Klampe

Der **Stopperstek** wird dann benutzt, wenn eine dünnere Leine an einer dickeren, bereits gespannten Leine festgemacht werden soll.

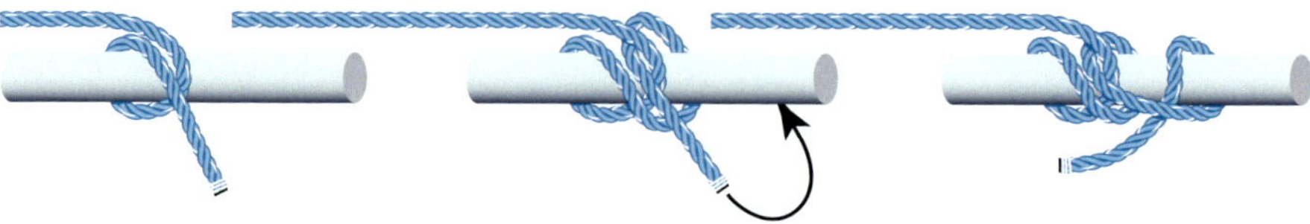

Der **Slipstek** wird zumeist in Verbindung mit anderen Knoten benutzt, da sich der letzte Rundtörn schnell lösen lässt.

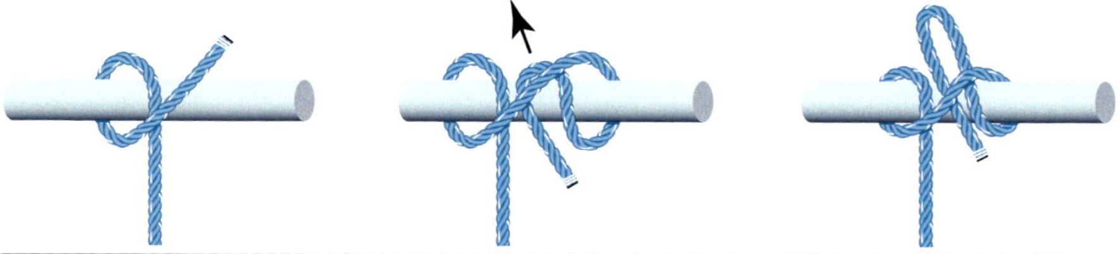

Der **Achtknoten** ist eine Verdickung der Leine, durch die ihr Durchrutschen verhindert wird.

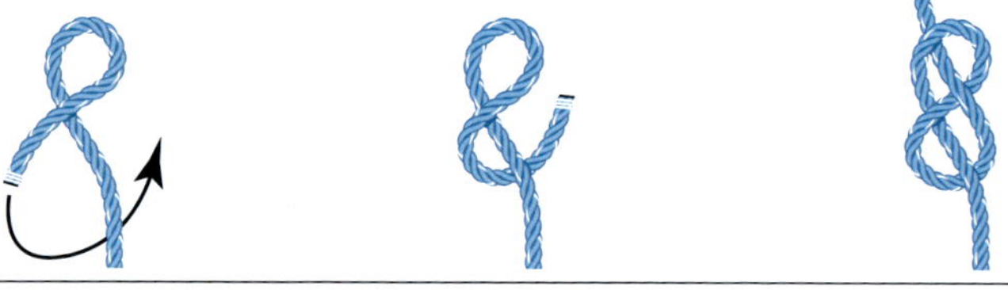

Mit dem **Roringstek** wird an Ringen oder ähnlichen runden Beschlägen festgemacht.

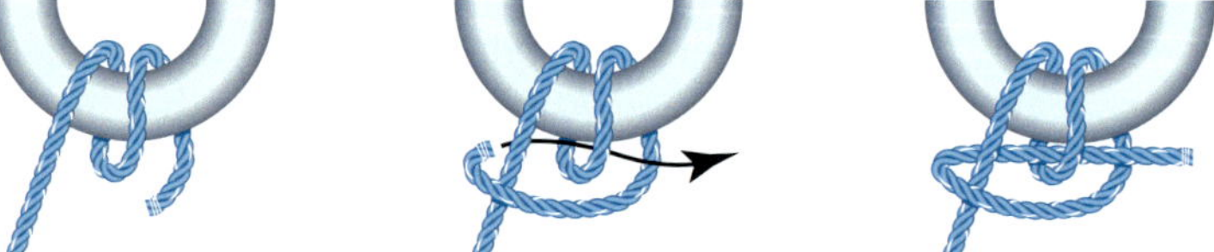

Der **Rundtörn mit zwei halben Schlägen** dient zum Festmachen an Stangen, Ringen oder der Reling.

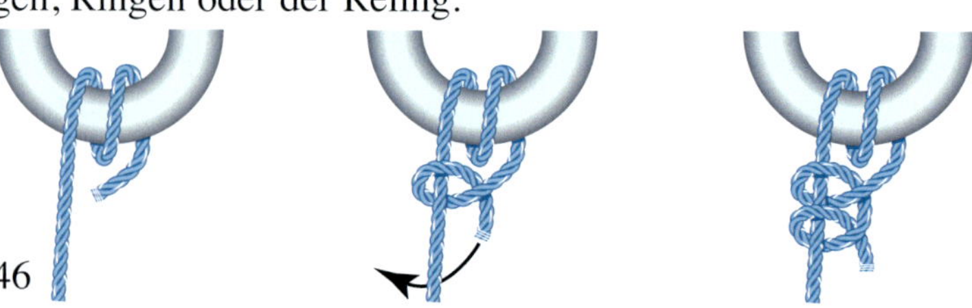

Anker und Ankern

Typ und Größe bzw. Gewicht von Anker und Ankergeschirr richten sich nicht nur nach der Bootsgröße, sondern auch nach dem Ankergrund. Die wichtigsten Anker für Motorboote sind unten dargestellt. Über die erforderlichen Gewichte bei den einzelnen Typen gibt es Tabellen. Nicht nur die Bootsgröße (Länge x Breite x Höhe), sondern auch die Windangriffsfläche der Kajütaufbauten und die Stromverhältnisse sind wichtige Faktoren.

Ankerleinen – die zumeist ja auch als Abschleppleinen verwendet werden – sollen so stark wie irgend möglich und keinesfalls aus schwimmfähigem Material sein. Die Länge der Ankerkette soll mindestens das 3-Fache, die einer Ankerleine das 5-Fache der Wassertiefe betragen. Um den Ankerschaft am Grund zu beschweren und um zu verhindern, dass er bei Zug aus dem Grund herausgebrochen wird, soll man zwischen Anker und Ankerleine eine Kette »vorstecken« (Abb. Seite 48).

Laufende Kontrolle, ob der Anker hält, ist vor allem im Strom oder bei Wind erforderlich. Durch Anfassen der Ankertrosse kann man prüfen, ob der Anker »rutscht«. Durch Peilen von Landmarken lässt sich feststellen, ob und gegebenenfalls wie schnell sich das ankernde Boot bewegt.

Außer bei kleinen offenen Sportbooten sind nur noch Ankerketten üblich, die mit einer elektrischen Winde zum Einsatz kommen.

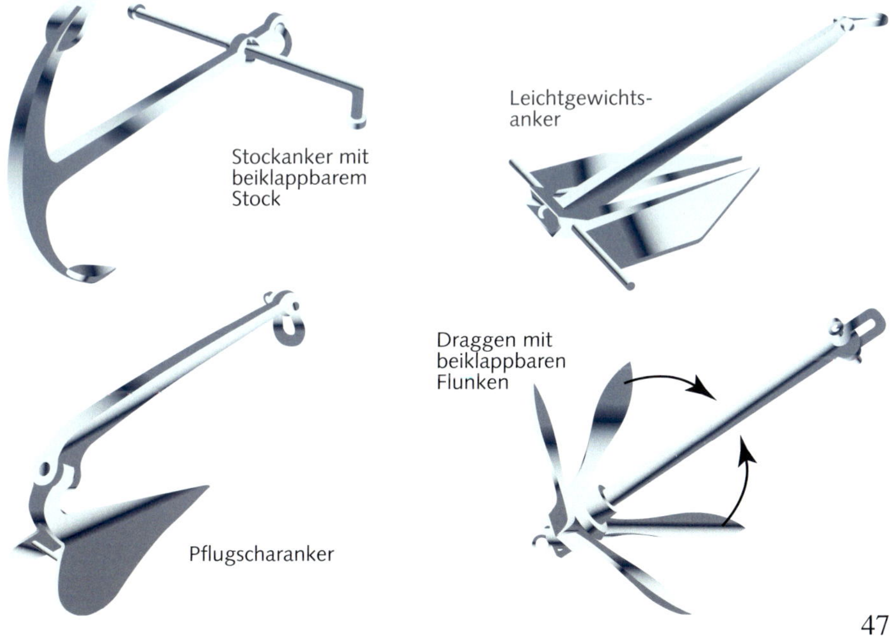

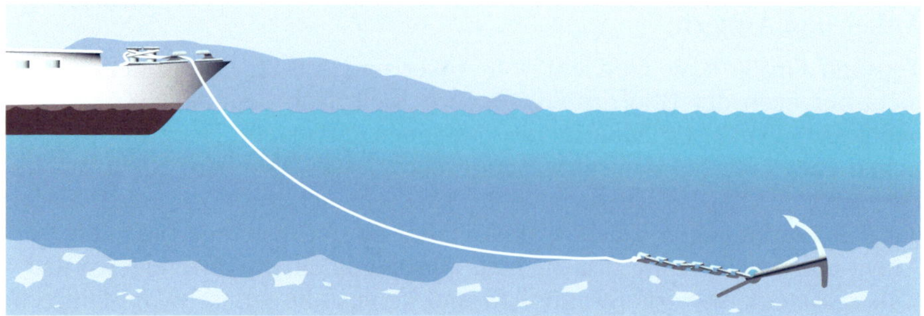

Ankerleine mit vorgesteckter Kette vom Poller durch eine Klüse nahe am Bug

Fender

Fender sind im Prinzip so etwas wie die »Stoßstangen« eines Bootes. Sie dienen dazu, die Bordwand des eigenen Bootes vor Berührungen mit festen Gegenständen – wie z. B. Kaimauern, Schiffen usw. – zu schützen. Gleichzeitig sollen sie natürlich auch andere Boote vor direkter Berührung mit dem eigenen bewahren. Die im Motorbootsport verwendeten Fender bestehen fast ausschließlich aus Kunststoff, haben die Form von Birnen, Kissen oder Kugeln und sind zumeist mit Luft gefüllt. In jedem Falle sollten sie schwimmfähig sein.
Möglichst bald nach dem Ablegen des Bootes sollte man alle Fender einholen. Nicht nur, um die Fender vor Abreißen oder die Bordwand vor Scheuerstellen zu bewahren, sondern auch, weil in Fahrt außenbords baumelnde Fender als unseemännisch gelten.
Das Mitführen von Autoreifen als Fender ist auf verschiedenen Gewässern verboten. Wenn sie sich losreißen, schwimmen sie unsichtbar unter der Wasseroberfläche und können das Schließen von Schleusentoren behindern.

Bootsbedienung und Bootsführung

Ablegen und Auslaufen

Das Ablegen richtet sich vor allem nach der Art des Liegeplatzes. Meist liegen Motorboote in Häfen in einer Box oder zwischen Boje bzw. Anker auf der einen und Steg oder Kai auf der anderen Seite, aber auch längs eines Bootssteges oder Kais. Das Ablegen aus einer Box oder von Boje bzw. Anker ist meist problemlos.
Das Ablegen längs eines Steges oder Kais kann schwierig sein, wenn die Lücke zwischen dem vorn und achtern liegenden Boot sehr eng ist. Dann

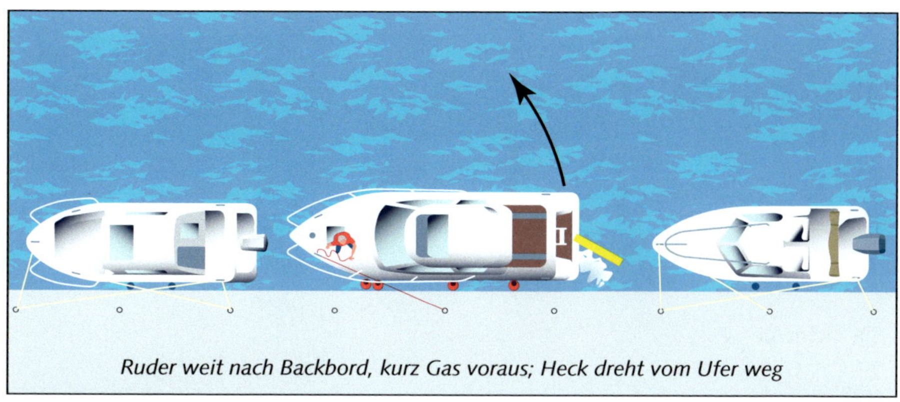

Ruder weit nach Backbord, kurz Gas voraus; Heck dreht vom Ufer weg

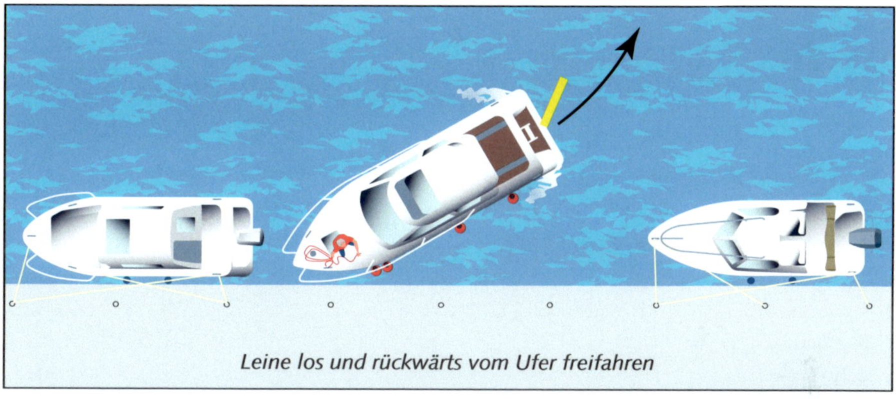

Leine los und rückwärts vom Ufer freifahren

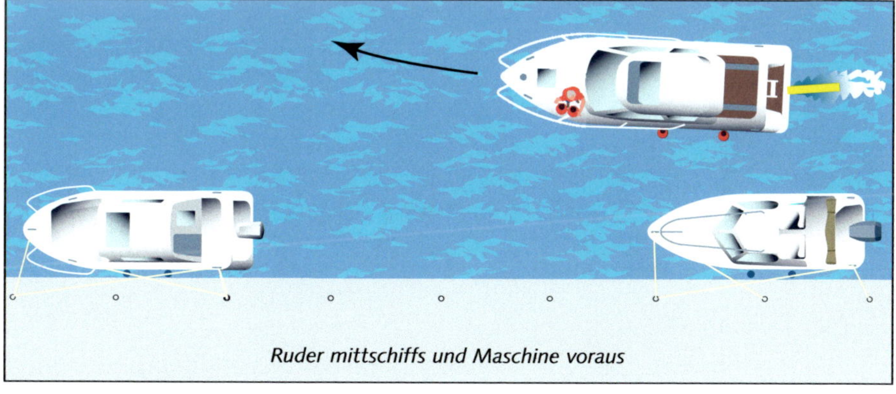

Ruder mittschiffs und Maschine voraus

Ablegen von einem Liegeplatz zwischen zwei Booten – mit Innenbordmotor und gerader Welle

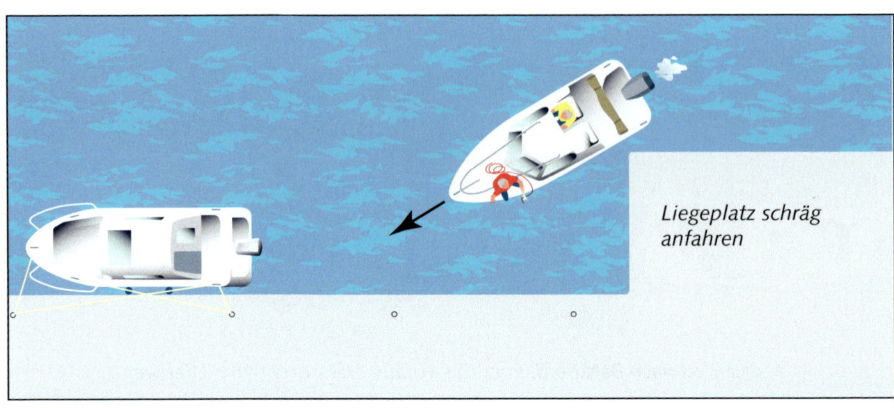

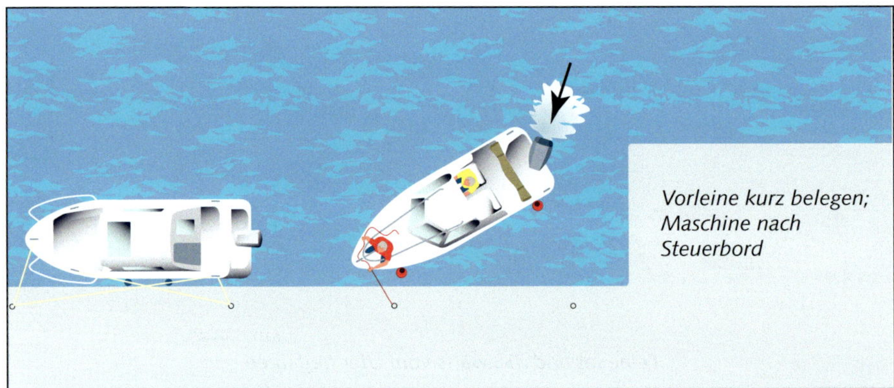

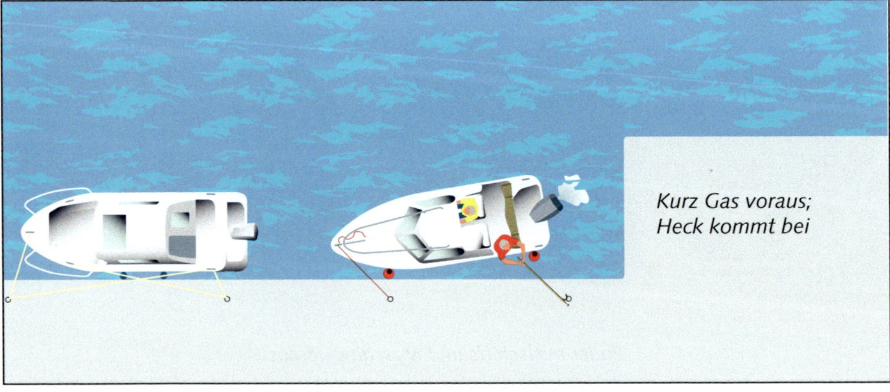

Anlegen im Hafen zwischen Boot und Kaimauer – Manöver mit Außenborder oder Z-Antrieb

ist es einfacher, mit starkem Rudereinschlag im Rückwärtsgang aus der Lücke auszuscheren, da der Propeller das Boot sofort seitlich achteraus (nach hinten) aus der Lücke zieht (Abb. Seite 49).
Im Hafen fährt man mit Rücksicht auf andere Boote langsam. In den meisten Häfen darf ohnehin eine Höchstgeschwindigkeit von 5–8 km/h nicht überschritten werden.
Schallsignale beim Auslaufen sind in vielen Häfen auch für Sportboote vorgeschrieben (siehe Seite 34).
Beim Auslaufen aus dem Hafen darf die durchgehende Schifffahrt nicht behindert werden.

Einlaufen und Anlegen

Beim **Einlaufen** ist auf den ein- und auslaufenden Verkehr zu achten, die örtlich vorgeschriebenen Schallsignale sind zu geben und die Geschwindigkeit ist so weit wie möglich zu drosseln.

In engen Hafeneinfahrten haben einlaufende Boote Vorfahrt. Persönliche oder Maschinenprobleme können für das Aufsuchen des Hafens dringend erforderlich sein.

Zum **Anlegen** ist es für den Anfänger am einfachsten, das Boot in einem spitzen Winkel mit geringster Fahrt auf den Liegeplatz hin zu manövrieren und dort notfalls mit dem »Rückwärtsgang« etwas »abzubremsen«. Die Fender müssen dabei bereits außenbords hängen und die Leinen griffbereit liegen.

Verhalten auf den Gewässern

Alle Schifffahrtszeichen müssen auch von den Führern von Sportbooten beachtet werden.

Fahrrinnenseite

Auf Flüssen und Kanälen sollen Sportboote sich auf der rechten Fahrrinnenseite halten, möglichst weit weg von der gewerblichen Schifffahrt.

Überholen – Entgegenkommen – Kreuzen

Zum Überholen ist dem Führer eines Sportbootes die Wahl der Seite freigestellt, jedoch darf er nur überholen, wenn dabei kein anderes Fahrzeug behindert oder gefährdet wird.

Umweltschutz und Naturschutz

Die unter den Begriff »Umweltschutz und Naturschutz« fallenden Maßnahmen, und das betrifft besonders den Freizeitskipper, gelten in erster Linie dem Wasser. In zunehmendem Maße wird Trinkwasser aus den Flüssen entnommen; die Reinhaltung der Gewässer ist also eine absolute Pflicht. Dies gilt nicht nur für Rückstände schlecht eingestellter Motoren, sondern auch für Küchenabfälle und natürlich für das Bilgenwasser. Nicht umsonst gibt es für die Großschifffahrt Spezialschiffe, die das Schmutzwasser absaugen: sogenannte »Bilgenentöler«.
Zur Umwelt gehören aber auch die Tiere, die z. B. am Wasser nisten, und selbstverständlich die Fische, die geschützt werden müssen, wie auch die Pflanzenwelt.
Wer an Bord eine Koch- und Sanitäreinrichtung hat, ist gut beraten, einen Abwassertank zu installieren, der im Häfen entsprechend den Anweisungen des Hafenmeisters geleert wird. Genauso verfährt man mit Küchenabfällen, die tagsüber gesammelt und abends im Abfallcontainer entsorgt werden.
Die Wassersportverbände Deutscher Motoryachtverband, Deutscher Segler-Verband und andere sowie der deutsche Naturschutzring haben »10 goldene Regeln« für das richtige Verhalten von Wassersportlern in der Natur erarbeitet. Die Regeln sind auf Seite 178 abgedruckt.

Wetterkunde

Grundbegriffe der Wetterkunde muss auch der Sportbootfahrer im Binnenbereich kennen, da auf Seen Stürme genauso eine Gefahr darstellen wie Nebel bei der Fahrt auf Flüssen.
Wie sich das Wetter entwickelt, ist anschaulich auf den Wetterkarten dargestellt, die täglich in Zeitungen, im Fernsehen oder Internet veröffentlicht werden. Hoher Luftdruck über einem Gebiet wird dann als Hoch bezeichnet, und das Barometer zeigt »Schön«. Tief bedeutet das Gegenteil, der Zeiger steht auf »Regen«.
Die heutige Bezeichnung hPa (Hektopascal) ist auf den älteren Barometern als mb oder mbar (Millibar) dargestellt, die Werte sind aber identisch. Der mittlere Wert (»Veränderlich«) beträgt 1013,2.

Der Bootsmotor und sein Antrieb

Außenbordmotor

Außenbordmotoren sind die in aller Welt am meisten verwendeten Antriebsmaschinen bei Sportmotorbooten. Es gibt sie von 1,5 kW (2 PS) bis 187 kW (254 PS). Wegen verschärfter Umweltschutzbestimmungen werden heute überwiegend Viertaktmotoren verwendet, auch wenn noch viele Boote mit Zweitaktmotoren ausgerüstet sind. Bei mehr als 2,2 kW (3 PS) Leistung verfügen sie fast ausschließlich über Wasserkühlung und Wendegetriebe. Kleine Motoren haben Handanlasser, größere und große Motoren Elektrostarter. Bei Zweitaktern ist unbedingt darauf zu achten, dass das verwendete Benzin-Öl-Gemisch den Vorschriften des Motorenherstellers entspricht und dass die Auspuffgase ins Wasser abgeleitet werden.

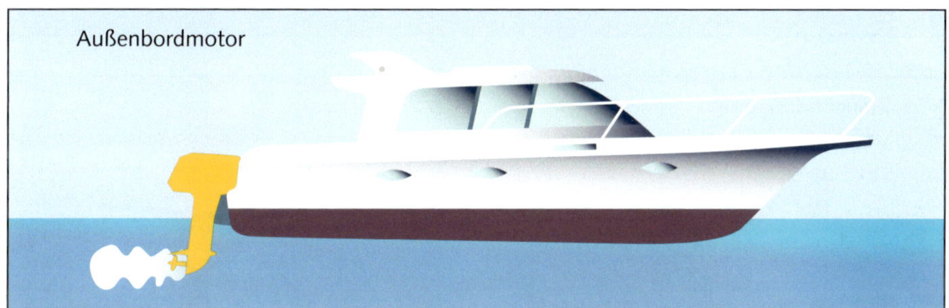

Innenbordmotor

Als Innenbordmotor wird jeder in den Bootskörper (Rumpf) eingebaute Motor bezeichnet, gleichgültig, ob er durch Benzin oder Diesel betrieben wird. Innenbordmotoren sind überwiegend wassergekühlt. Dabei verwendet die »Einkreiskühlung« das angesaugte Außenwasser direkt zur Kühlung der Zylinder usw., während »Zweikreiskühlung« mit dem angesaugten Außenwasser nur den inneren, geschlossenen Kühlkreis abkühlt. Zweikreiskühlung ist daher vor allem auf Booten üblich, die (auch) auf Seewasser eingesetzt werden. Ein einfaches Wendegetriebe ist bei allen Innenbordern erforderlich. Der Antrieb von Innenbordmotoren ist durch drei unterschiedliche Wellen-Antriebsformen möglich:

- durchgehende (gerade) Welle in Verlängerung der Kurbelwelle des Motors (Abb. Seite 54 oben)

- V-Welle, die von der Kurbelwelle des Motors erst nach vorn abwärts führt, um dann über ein Gelenk schräg abwärts nach achtern (hinten), also abgeknickt, zum Heck zu führen (Abb. Mitte)
- Z-Antrieb, der in Verlängerung der Kurbelwelle durch das Heck (Spiegel) des Bootes und dann über Winkelwellen unter Wasser zum Propeller führt (Abb. unten)

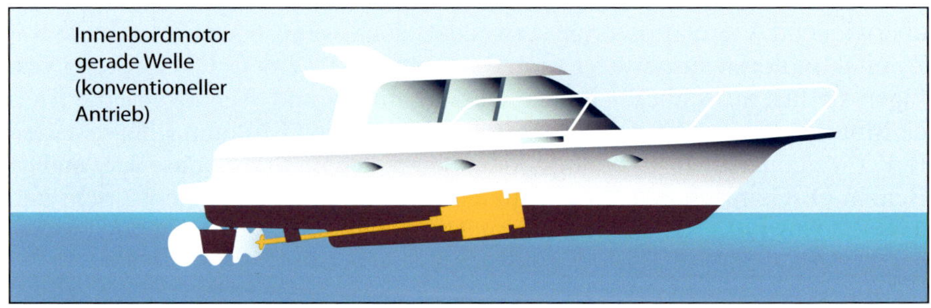

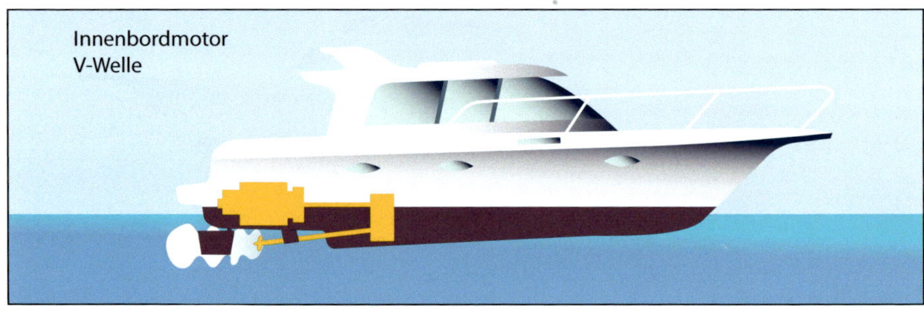

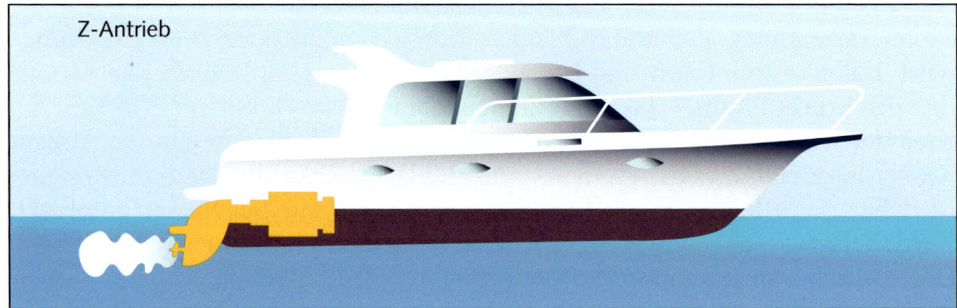

Propeller

Es gibt Propeller mit zwei, drei, vier und mehr Flügeln, je nach Bootsart an Rumpfform und Motorleistung angepasst. Drei Flügel bieten geringfügig höhere Leistungen und sind deshalb für schnellere Boote geeignet. Der Standardpropeller ist vierflügelig. Er bietet die höchste Laufkultur, das heißt er ist schwingungsarm. Gleiches gilt für die fünf- und mehrflügeligen Modelle. Maßgebend für die Propellerwahl ist, ob es sich dabei um einen

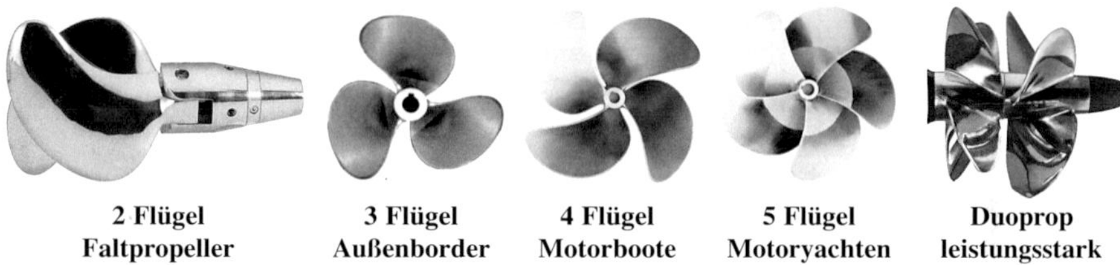

2 Flügel Faltpropeller | **3 Flügel Außenborder** | **4 Flügel Motorboote** | **5 Flügel Motoryachten** | **Duoprop leistungsstark**

Außenbordmotor, einen eingebauten Motor (Innenborder) mit einer klassischen starren Welle oder um einen Heckantrieb (Z-Drive) handelt. Die Größe des Bootes und seine Rumpfform sind zusätzlich maßgebend für den Propellerdurchmesser.
Beim Duoprop, einem besonders leistungsstarken Antrieb, sitzen zwei Propeller auf einer Welle.
Die meisten Boote werden durch rechtsdrehende Propeller angetrieben. Der Begriff »rechtsdrehend« bedeutet, dass er in Fahrtrichtung gesehen im Uhrzeigersinn dreht. Linksdrehend heißt also gegen den Uhrzeigersinn. Die Drehrichtung hat auf das Manövrieren im Hafen Einfluss, denn das Heck wird in der entsprechenden Drehrichtung versetzt.
Die meisten Sportbootmotoren laufen **rechtsdrehend** (Abb. Seite 56 oben). Ein rechtsdrehender Propeller zieht stets das Heck nach Steuerbord (rechts) und drückt damit den Bug nach Backbord (links). **Linksdrehende** Propeller bewirken entsprechend ein »Gieren« des Bugs nach Steuerbord (rechts). Besonders bei Manövern auf engem Raum muss man wissen, in welcher Richtung der Propeller auf den Kurs einwirkt, um eine Havarie zu verhindern. Dieser »Drall« nach einer Seite wird bei kleinen Booten noch erheblich verstärkt, wenn Lenkung und damit das Gewicht des Bootsführers auf der Gegenseite liegen.

Merke: Bei rechtsdrehendem Propeller soll das Steuerrad auch rechts (steuerbords) montiert sein.

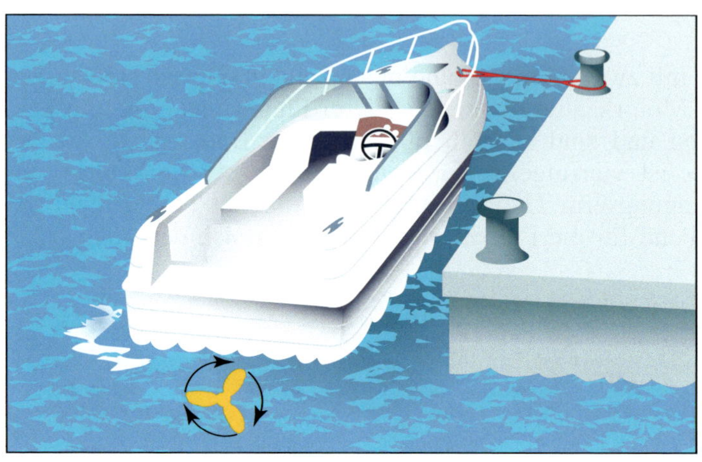

Rechtsdrehender Propeller

Ruder

Die Richtungsänderung – also das Steuern – eines Bootes mit Innenbordmotor und Antrieb über Welle geschieht durch das hinter dem Propeller angebrachte Ruderblatt (Abb. unten).

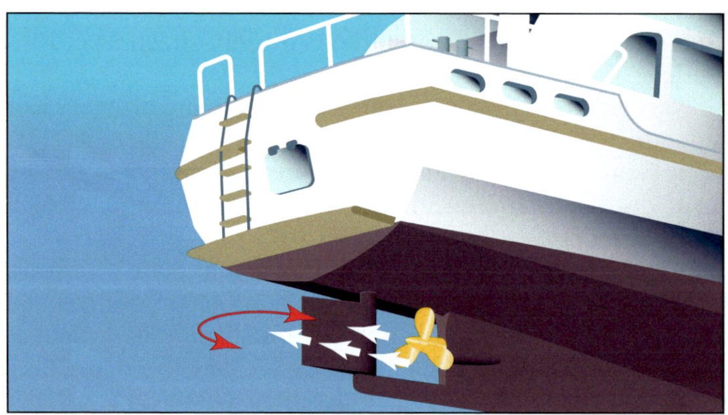

Der Wasserdruck des Propellers gegen das Ruderblatt wird von diesem jenach Stellung seitlich abgelenkt. Liegt das Ruderblatt zum Beispiel nach rechts, wird das Heck nach links geschoben. Das Boot fährt dann nach rechts, nimmt also Kurs nach Steuerbord.

Bei einem Boot mit Außenbordmotor oder Innenbordmotor mit Z-Antrieb steuert man durch die Änderung der Schubrichtung des Propellers, der das Heck des Bootes entsprechend dem Rudereinschlag »herumschiebt«.

Merke: Je weniger Fahrt – insbesondere bei Außenbordmotoren bzw. Motoren mit Z-Antrieb – im Boot ist, umso weniger Manövrierfähigkeit (Lenkwirkung) besteht. Erforderlichenfalls also erneut einen kurzen »Stoß Gas« geben, um Propellerstrom und damit Steuer- bzw. Ruderwirkung zu erzielen.

Bootstypen

Was ist ein Boot?

Ein Wasserfahrzeug, in dem Personen (oder Ladung) transportiert werden können. Ob mit eigenem Antrieb – beispielsweise durch Motor oder Segel, Riemen (Ruder) oder Paddel – oder ob im Schlepp, spielt dabei keine Rolle.

Was ist ein Motorboot?

Jedes Boot, das maschinell vorwärts bewegt wird (also auch ein Segelboot unter Segel, wenn es mit Motor läuft, oder ein Paddelboot unter Motor).

Motorboottypen

- **Motorschlauchboot:** Boot mit luftgefüllten Schläuchen als tragendes Element sowie mit Außenbordmotor. Größere Boote mit starrem wannenförmigen Boden auch mit Innenbordmotor.
- **Motordingi:** Völlig offenes Boot mit Außenbordmotor.
- **Tourenmotorboot:** Teilweise eingedecktes Boot ohne Kajüte, das durch Innen- oder Außenbordmotor angetrieben wird. Sportlich-schnelle Motorboote mit Innenborder werden auch als »Runabout« bezeichnet.
- **Hardtoppmotorboot:** Jedes Motorboot mit einem Kajütaufsatz, der nach hinten (achtern) nicht geschlossen ist.
- **Kajütmotorboot:** Motorboot bis etwa 7,50 m Länge mit einer abgeschlossenen Kajüte.
- **Daycruiser** oder »Tageskreuzer«: Motorboot mit einer meist nur sitzhohen, abgeschlossenen Kajüte, die nicht zum Daueraufenthalt vorgesehen ist.
- **Motorkreuzer:** Kajütmotorboote mit mehr als 7,50 m Länge, in denen mehrere Kajüten, WC-Raum, Kücheneinrichtungen u. a. vorhanden sind. Es gibt auch Motorkreuzer mit Achterkajüte, also mit zusätzlicher Kajüte im letzten Drittel.
- **Motoryacht:** Großes, motorisiertes Sportschiff mit zahlreichen Kajüten, WC-Räumen, Salon, eigener Kombüse (Küche), zumindest einem Mannschaftsraum für angestellte Besatzung (»hands«) und allen erforderlichen Navigationseinrichtungen. Zumeist hat die Motoryacht zwei oder mehr Decks (bewohnbare Etagen). Die Mindestlänge liegt bei etwa 12 m; sie hat ein oder zwei Motoren, Badeplattform und Beiboot.

- **Megayacht:** Größter Yachttyp. Selten auf Binnengewässern, ab 100 Fuß (ca. 30 m) mindestens drei Decks, fest angestelltes Personal in Vorkajüten, Beiboote, Pkw, mehrere Antriebsmotoren, Energieerzeuger, größte Einheiten mit Schwimmbecken und Hubschrauber.
- **Motorsegler:** Zumeist seegehende Schiffe, die unter Segel und unter Einbaumotor in etwa gleich gut manövrierbar sein müssen. Sie müssen über einen gedeckten oder halbgedeckten Steuerstand verfügen. Man bezeichnet sie auch als Fifty-Fifty.
- **Jet-Antrieb:** Jet-Antriebe beruhen wie in der Luftfahrt auf dem Rückstoß. Wasser wird durch den Bootsboden angesaugt und nach hinten ausgestoßen. Das Ausstoßrohr ist nach beiden Seiten beweglich und wird über das Ruderrad zur Richtungsänderung bewegt.
- **Luftschraubenboote:** Das sind flache Wannen mit einem am Heck stehenden Motor. Dieser ist mit einer Luftschraube ausgerüstet, die in einem Schutzkorb das Fahrzeug schiebt. Der Fahrer sitzt davor und steuert ein Ruderblatt hinter dem Propeller (Flugzeug).

Bootsbaumaterial

Kunststoffe der verschiedensten Produktgruppen und Verarbeitungsweisen sind vorrangiges Bootsbaumaterial. Stahl wird vorzugsweise für Verdrängerboote eingesetzt. Aluminium und Holz bleiben weithin der Einzelfertigung vorbehalten. Starre Bootsböden haben im Schlauchbootsbau erheblichen Anteil.

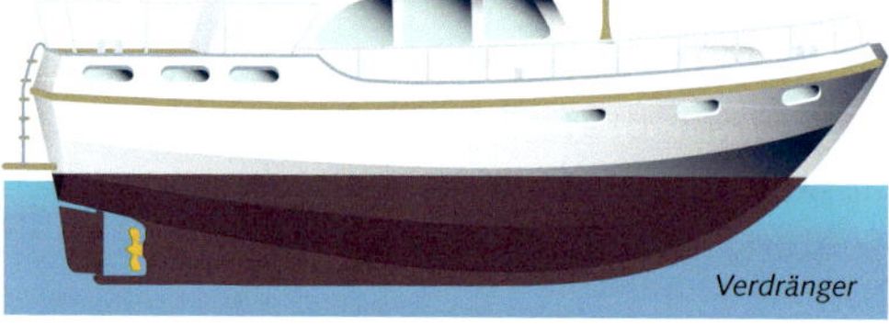

Verdränger, Halbgleiter und Gleitboote

Verdrängerboote sind Boote, die ihrem Gewicht entsprechend ins Wasser eintauchen. Die Unterwasserform bestimmt weitgehend die Höchstgeschwindigkeit. Bei **Halbgleitern** hebt sich der Rumpf bei entsprechender Motorstärke teilweise aus dem Wasser. **Gleitboote** haben oft mehrere Motoren und schieben den Rumpf über das Wasser. Die Motorkraft bestimmt die Höchstgeschwindigkeit.

Yachtgebräuche (Yachtetikette)

Ob man die zahlreichen traditionellen Yachtgebräuche insgesamt oder nur einzeln befolgt, bleibt jedem selbst überlassen. Unbedingt aber sollte sich jeder an die Bestimmungen der Flaggenführung halten. Die ist vorgeschrieben, liegt also nicht im Ermessen des Einzelnen.

- Motorboote führen die Bundesflagge im In- und Ausland ausschließlich am Heck. Wenn die Anbringung des Flaggenstocks nicht mittschiffs (in der Mitte des Hecks) möglich ist, muss er nach Steuerbord (rechts) versetzt werden.

- Motorboote ohne Mast führen im Inland den Vereinsstander am Bug an einem kurzen Flaggenstock. Im Ausland wird anstelle des Vereinsstanders stets die »Höflichkeitsflagge« (Gastlandflagge) in Form einer kleinen Nationalflagge des Gastlandes gefahren.

- Motorboote mit Mast führen im Inland den Vereinsstander auf dessen Topp (höchster Spitze). Die Verbandsflagge wird dann an der Steuerbordsaling geführt. Die Bundesflagge gehört nach wie vor ans Heck. Im Ausland wird die Gastlandflagge an der Steuerbordsaling geführt und die Verbandsflagge an der Backbordsaling gefahren (Abb. Seite 60).

- In der Zeit von Sonnenuntergang bis Sonnenaufgang muss die Nationalflagge eingeholt sein. Das Gleiche gilt auch tagsüber für den Fall, dass das Schiff längere Zeit im Hafen liegt.

Die blaue **Europaflagge** ersetzt weder im Inland noch im Ausland die Nationalflagge. Über oder unter der Nationalflagge kann keine andere Flagge gezeigt werden.

Flaggenführung und Kennzeichnung

Die Flaggenführung ist nicht Bestandteil von Kennzeichnungsvorschriften – sie beruht auf international üblichen Yachtgebräuchen. Weitere Flaggen/Wimpel/Stander entsprechen nicht der Yachtetikette.
In traditionsbewussten Ländern/Häfen wird der Yachteigner nach der korrekten Flaggenführung eingeschätzt. Dazu zählt auch die **Flaggenparade.** Darunter versteht man das Einholen/Wegnehmen der Nationalflagge nach Sonnenuntergang.

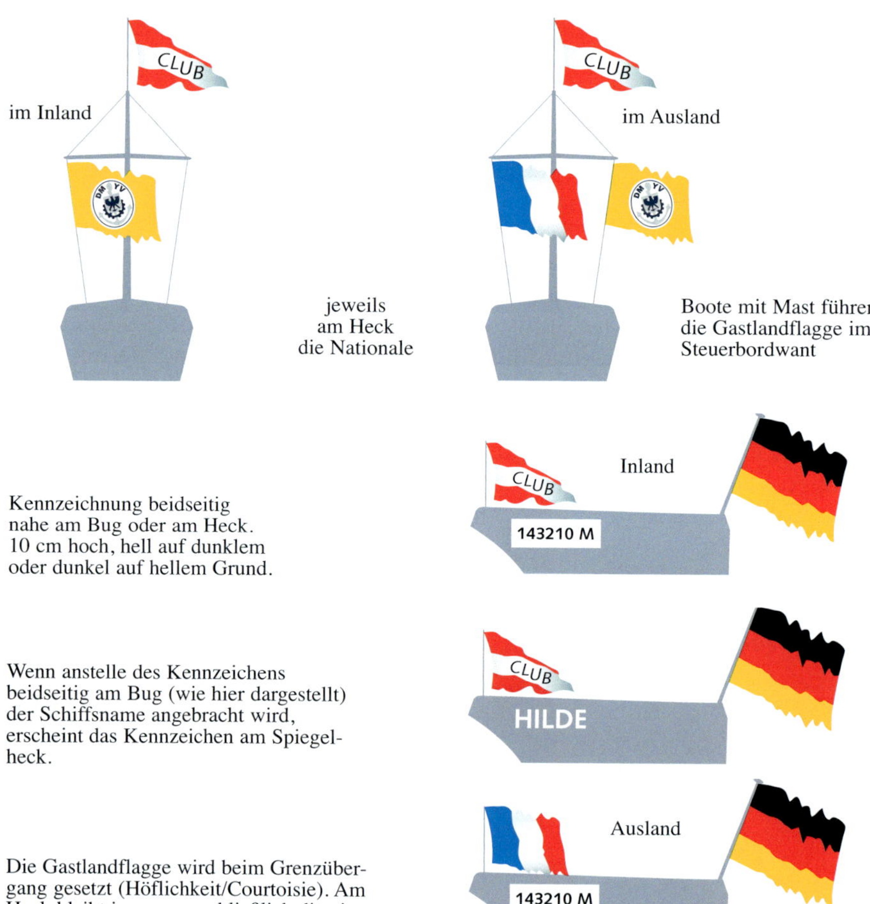

Die Prüfungsfragen mit den richtigen Antworten und Erläuterungen

Zur Prüfung bekommt der Bewerber einen Fragebogen mit einer Auswahl von 30 Fragen aus dem hier folgenden Fragenkatalog vorgelegt. Zu jeder Frage stehen 4 Antworten zur Auswahl.
Es ist immer nur eine Antwort richtig (das System ist aus Quizsendungen bekannt). Diese richtige Antwort steht jeweils hinter einem anderen Buchstaben, und dort machen Sie vor der richtigen Antwort ein Kreuz. Wenn Sie bei den 30 Fragen mindestens 24-mal das Kreuz in das richtige Kästchen machen, haben Sie den theoretischen Teil der Prüfung bestanden.

Erläuterungen zur theoretischen Prüfung
Hinter jeder der Fragen/Antworten finden Sie hier stichwortartig zusätzliche Informationen. Diese sollen Ihnen allgemeinverständlich (ohne Fachausdrücke) die richtige Antwort näherbringen. Diesem Zweck dienen auch volkstümliche Ausdrucksweisen oder Vergleiche beispielsweise mit dem Straßenverkehr. Bei Regeln und Beschilderungen sind Ähnlichkeiten erkennbar, für die Lichterführung gilt dies nicht: Scheinwerfer, die den eigenen Fahrweg voraus ausleuchten, gibt es nicht. Die Positionen der verschiedenen Lichter am eigenen Boot zeigen den anderen Verkehrsteilnehmern, wie Ihr Boot fährt. Sie selbst erkennen an der Lichterführung anderer Verkehrsteilnehmer deren Kurs und um welche Art von Fahrzeug es sich handelt.

Erläuterungen zur praktischen Prüfung
Im Gegensatz zum Pkw wird ein Boot nicht vorn gelenkt. Jede Richtungsänderung bedingt ein Ausschwenken des Hecks zur entgegengesetzten Seite, vergleichbar mit einem Gabelstapler, der mit den Hinterrädern lenkt. Der Propeller schiebt das Boot zwar nach vorn, aber zusätzlich auch zur Seite. Es muss also besonders bei Manövern im Hafen sowie beim Ab- und Anlegen Platz für das seitliche Ausschwenken des Hecks vorhanden sein. Die Knoten sind ein wichtiger Bestandteil der sogenannten Seemannschaft, denn ein Boot ist, auch wenn es im Hafen liegt, stets in Bewegung. Es muss mit Leinen festgemacht werden. Das Festmachen der Leinen an Ufer/Steg/Schleuse oder das Zubehör wie Anker/Fender bedingt unterschiedliche Knotenarten, ebenso wie es spezielle Knoten für die Rettung von Personen oder das Schleppen anderer Fahrzeuge gibt.

Basisfragen

Frage	Gültige Antwort
1 **Was ist zu tun, wenn vor Antritt der Fahrt nicht feststeht, wer Schiffsführer ist?**	Der verantwortliche Schiffsführer muss bestimmt werden.
2 **In welchen Fällen darf weder ein Sportboot geführt noch dessen Kurs oder Geschwindigkeit selbstständig bestimmt werden?**	Wenn man infolge körperlicher oder geistiger Mängel oder infolge des Genusses alkoholischer Getränke oder anderer berauschender Mittel in der sicheren Führung behindert ist oder wenn eine Blutalkoholkonzentration von 0,5 ‰ oder mehr im Körper vorhanden ist.
3 **Wann ist ein Fahrzeug in Fahrt?**	Wenn es weder vor Anker liegt noch an Land festgemacht ist noch auf Grund sitzt.
4 **Wie lang ist die Dauer eines kurzen Tons (●)?**	Etwa 1 Sekunde.
5 **Wie lang ist die Dauer eines langen Tons (▬)?**	Etwa 4–6 Sekunden.
6 **Wann gilt ein Fahrzeug unter Segel als Maschinenfahrzeug?**	Wenn es gleichzeitig mit Maschinenkraft fährt.
7 **Welches Signal führt ein Fahrzeug unter Segel, das als Maschinenfahrzeug gilt, zusätzlich am Tage?**	Einen schwarzen Kegel, Spitze unten.

Erläuterungen	Notizen während des Unterrichts
Sind mehrere Führerscheininhaber an Bord, muss vor der Abfahrt eindeutig der Schiffsführer bestimmt werden. Dieser wiederum bestimmt, wer am Ruder steht, behält aber selbst die volle Verantwortung.	
Selbstverständlich hat der Schiffsführer darauf zu achten, dass auch der Rudergänger jederzeit voll handlungsfähig ist und seinen Anweisungen folgen kann.	
Die Antriebsart ist dabei ohne Bedeutung.	
Die Länge eines Tons ermittelt man durch das »Mitzählen«, d. h. Aufsagen der Zahlwörter einundzwanzig-zweiundzwanzig-dreiundzwanzig usw. Die dazwischen liegende Pause von 1 Sekunde wird mitgezählt.	
Siehe Erläuterung zu Frage 4.	
Wenn zusätzlich die Maschine den Propeller antreibt.	
Aus der Entfernung als ein auf der Spitze stehendes Dreieck erkennbar.	

Frage	Gültige Antwort
8 **Welche Seite wird als Luvseite bezeichnet?**	Die dem Wind zugekehrte Seite.
9 **Welche Seite wird als Leeseite bezeichnet?**	Die dem Wind abgewandte Seite.
10 **Wann müssen die Lichter von Fahrzeugen geführt oder gezeigt werden?**	Von Sonnenuntergang bis Sonnenaufgang und bei verminderter Sicht.
11 **Wozu dient die Lichterführung?**	Sie zeigt Fahrtrichtung und Lage eines Fahrzeugs an.
12 **Was für eine Laterne kann ein Segelfahrzeug von weniger als 20 m Länge anstelle der Seitenlichter und des Hecklichtes führen?**	Eine Dreifarbenlaterne an oder nahe der Mastspitze.
13 **Welche Lichter muss ein Fahrzeug unter Segel, das gleichzeitig mit Maschinenkraft fährt, führen?**	Die für ein Maschinenfahrzeug vorgeschriebenen Lichter.
14 **Wie weichen zwei Motorboote aus, die sich auf entgegengesetzten Kursen nähern?**	Jedes Fahrzeug muss seinen Kurs nach Steuerbord ändern.

Erläuterungen	Notizen während des Unterrichts
Die Seite, von der der Wind weht und auf das Schiff auftrifft.	
Die Seite, die im Windschatten des Schiffs liegt. Wo also keine Luftbewegung spürbar ist.	
Sonnenaufgang und Sonnenuntergang sind in allen Tageszeitungen im Wetterbericht abgedruckt.	
An den Lichtern erkennen die anderen Schiffsführer, wie man fährt. Dies im Gegensatz zu Landfahrzeugen, die mit ihren Lichtern den eigenen Fahrweg erhellen.	
Die Dreifarbenlaterne an der Mastspitze hat für Segler den Vorteil, mit einer Lampe auszukommen, um die Batterie zu entlasten.	
Wenn ein Boot von einem Motor angetrieben wird, ist es ein Motorboot, also auch Segelboote, Fischerkähne, Kanus, Schlauchboote usw.	
Motorboote, die sich begegnen, weichen jeweils nach Steuerbord (rechts) aus, wie Pkws auf der Straße.	

Frage	Gültige Antwort
15 **Zwei Motorboote nähern sich auf kreuzenden Kursen. Es besteht die Gefahr eines Zusammenstoßes. Wer ist ausweichpflichtig?**	Dasjenige Fahrzeug muss ausweichen, welches das andere an seiner Steuerbordseite hat.
16 **Welche Bedeutung hat folgendes Schallsignal: (●▬●▬●▬●▬●▬)**	Bleib-weg-Signal, Gefahrenbereich sofort verlassen.
17 **Welche Bedeutung hat folgendes Tafelzeichen?** 	Überholverbot.
18 **Welche Bedeutung hat folgendes Tafelzeichen?** 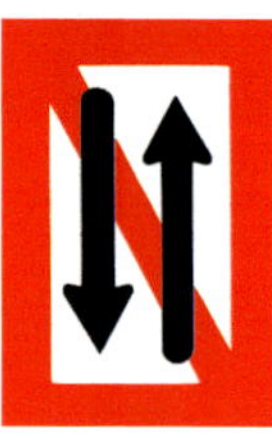	Begegnungsverbot an einer Engstelle.

Erläuterungen	Notizen während des Unterrichts
Wer ein anderes Boot von rechts (Steuerbord) kommen sieht, muss ausweichen. Wer von rechts kommt, hat Vorfahrt wie auf der Straße.	
Abwechselnd kurze und lange Töne bedeuten eine Gefahr. Den Bereich schnellstens verlassen. Beispiele: Feuergefahr, Treibstoff läuft aus, eine Öllache treibt, schwimmende Hindernisse.	
Das Überholverbot gilt sowohl für die Steuerbord- als auch Backbordseite des zu Überholenden.	
Erst in diese Engstelle einfahren, wenn erkennbar ist, dass kein Fahrzeug entgegenkommt.	

Frage	Gültige Antwort
19 **Welche Bedeutung hat folgendes Tafelzeichen?** 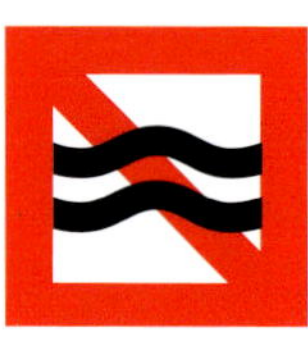	Sog und Wellenschlag vermeiden.

20 **Welche Bedeutung hat folgendes Tafelzeichen?**  	Mindestabstand in Metern, der in der nachfolgenden Strecke vom Aufstellungsort der Tafel an eingehalten werden muss.

21 **Welche Bedeutung hat folgendes Tafelzeichen?** 	Haltegebot vor beweglichen Brücken, Sperrwerken und Schleusen.

Erläuterungen	Notizen während des Unterrichts

Die Bedeutung dieser Tafel, die nachts mit einem roten über einem weißen Licht dargestellt wird, ist auch für nicht motorisierte Fahrzeuge bindend.

Die Spitze zeigt: 40 m vom Schild nach links (Backbord) Abstand halten. Eine zu schützende Anlage oder ein Unterwasserhindernis ist zumeist Anlass fürs Aufstellen dieser Tafel.

Im Schleusenbereich darf nur bis zu dieser Tafel vorgefahren werden, damit die ausfahrenden Schiffe genügend Platz zum Manövrieren haben. Zur Weiterfahrt Lichtzeichen oder Aufforderung per Funk abwarten. Gilt auch für andere Bereiche.

Frage	Gültige Antwort
22 **Welche Bedeutung hat folgendes Tafelzeichen?** 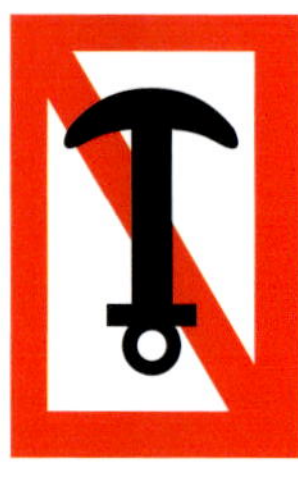	Ankern verboten für alle Fahrzeuge.
23 **Welche Bedeutung haben folgende Tafelzeichen?** 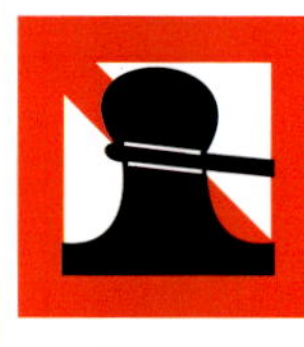 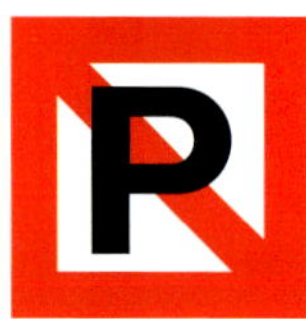	Festmache- und Liegeverbot.
24 **Welche Bedeutung hat folgendes Tafelzeichen?** 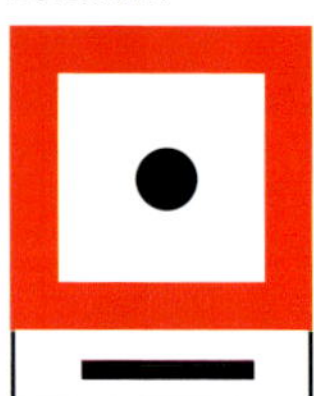	Abgabe eines langen Tons.

Erläuterungen	Notizen während des Unterrichts
Es ist auch verboten, den Anker oder die Kette über Grund schleifen zu lassen. Zumeist sind Rohre oder Leitungen dort verlegt.	
Dieses »Parkverbot« gilt für das Festmachen am Ufer wie auch für das Ankern.	
Diesen langen Ton gibt man z. B. in einer engen Kurve ohne Sicht auf Entgegenkommende ab.	

Frage	Gültige Antwort
25 **Welche Bedeutung haben folgende Tafelzeichen?**  	Wasserflächen auf denen mit Wasserski oder Wassermotorrädern gefahren werden darf.

26 **Welche Bedeutung hat folgendes Tafelzeichen?** 	Ende einer Gebots- oder Verbotsstrecke.

27 **Welche Bedeutung hat folgendes Tafelzeichen?** 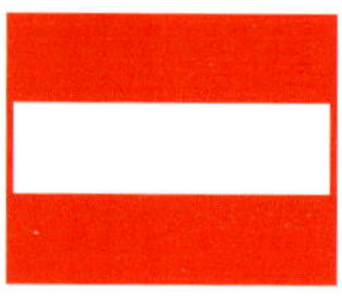	Verbot der Durchfahrt und Sperrung der Schifffahrt.

Erläuterungen
Ab diesem Schild ist das Fahren in der dargestellten Art erlaubt.

So, wie im Straßenverkehr jedes Gebot oder Verbot aufgehoben wird, steht am Ufer dieses Schild, wenn eine Einschränkung oder ein Verbot ab hier nicht mehr gilt.

Diese Strecke oder Einfahrt ist für alle Fahrzeuge gesperrt. Gilt auch für Brückenöffnungen, Baggerseen oder im Bereich von Staumauern.

Notizen während des Unterrichts

Frage	Gültige Antwort
28 **Welche Bedeutung haben folgende Schiff-fahrtszeichen?** 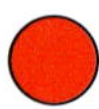 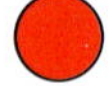	Brücke, Sperrwerk oder Schleuse geschlossen.
29 **Welche Bedeutung haben folgende Schiff-fahrtszeichen?**  	Anlage dauerhaft gesperrt.
30 **Was bedeuten diese Lichter vor einer Schleuse?**  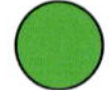	Einfahrt frei, Gegenverkehr gesperrt.
31 **Welches Merkblatt enthält Hinweise für das Verhalten zum Schutz seltener Tiere oder Pflanzen sowie zur Reinhaltung der Gewässer?**	Die 10 goldenen Regeln für Wassersportler.
32 **Wie kann mitgeholfen werden, die Lebensmöglichkeiten der Pflanzen- und Tierwelt in Gewässern und Feucht-gebieten zu bewahren und zu fördern?**	Durch umweltbewusstes Verhalten und Beachtung der »10 goldenen Regeln für das Verhalten von Wasser-sportlern in der Natur«.

Erläuterungen	Notizen während des Unterrichts
Die Weiterfahrt ist vorübergehend untersagt und kann durch Lichtzeichen oder über Lautsprecher durch Dienstpersonal wieder erlaubt werden. Erst bei grünem Lichtzeichen einfahren. Wenn bei rotem Licht das Tor offen steht, wird auf ein »Vorrangschiff« gewartet (roter Wimpel am Bug).	
Warten vor diesem Schleusentor zwecklos. Schadensfall / Reparatur / Havarie eines Schiffes in der Kammer u.Ä.	
Einfahrt in die Schleuse ist frei. Sportboote hinter der Berufsschifffahrt einfahren.	
Die 10 goldenen Regeln finden Sie im Anhang dieses Buches.	
Die 10 goldenen Regeln finden Sie im Anhang dieses Buches.	

Frage	Gültige Antwort
33 **Warum sollte man sich von Schilf- und Röhrichtzonen sowie von dicht bewachsenen Uferzonen möglichst weit fernhalten?**	Weil diese Zonen vielfach Rast- und Brutplätze besonders schutzwürdiger Vögel und Fischlaichplätze sind.
34 **Warum soll ein kleines Fahrzeug nicht dicht an ein großes in Fahrt befindliches Fahrzeug heranfahren?**	Es kann durch dessen Bug- oder Heckwelle kentern oder durch den Sog mit dem Fahrzeug kollidieren.
35 **Warum soll man möglichst gegen Strom und Wind anlegen?**	Weil sich das Fahrzeug dabei sicherer manövrieren lässt.
36 **Wie verhält man sich beim Begegnen mit anderen Fahrzeugen in einem engen Fahrwasser?**	Geschwindigkeit herabsetzen und ausreichenden Passierabstand halten.
37 **Welche Gefahren können entstehen, wenn ein kleines von einem größeren Fahrzeug überholt wird?**	Das kleinere Fahrzeug kann durch Stau, Sog oder Schwell aus dem Kurs laufen und kollidieren oder querschlagen, in flachen Gewässern auf Grund laufen.
38 **Wie viel Ankerkette bzw. -leine soll man unter günstigen Verhältnissen beim Ankern an einem geschützten Ankerplatz ausstecken?**	Mindestens die dreifache Wassertiefe bei Kette oder die fünffache bei Leine.

Erläuterungen	Notizen während des Unterrichts
Das gilt nicht nur dort, wo schutzbedürftige Zonen ausgeschildert sind, sondern an allen naturbelassenen Uferflächen.	
Der starke Sog durch die Schraube entsteht im hinteren Viertel eines Fahrzeugs und zieht beim Überholen kleine Fahrzeuge an. Durch die starken Bugwellen werden Kleinfahrzeuge versetzt und können kentern.	
Der Wasserdruck auf das Ruderblatt und der Winddruck auf den Schiffsrumpf lassen sich hier vorteilhaft bei langsamer Fahrt zum Manövrieren nutzen.	
Beim Abstandhalten auch auf Untiefen im eigenen Fahrwasser achten.	
Durch den Sog wird man unmerklich an das größere Schiff herangezogen und gleichzeitig verringert sich die Wassertiefe.	
Je länger die Leine ist, desto weniger besteht die Gefahr, dass durch die Schiffsbewegung der Anker hochgerissen wird (ausbricht). Ankerketten tragen durch ihr Gewicht zusätzlich zum sicheren Halt des Ankers bei.	

Frage	Gültige Antwort
39 **Woran kann man erkennen, ob der Anker hält?**	Wenn beim Handauflegen auf die Ankerkette oder -leine kein Rucken zu verspüren ist und sich die Ankerpeilung nicht ändert.
40 **Welches ist der günstigste Anlaufwinkel beim Anlegen?**	Ein möglichst spitzer Winkel.
41 **Wie verhält sich im Allgemeinen das Schiff im Rückwärtsgang bei einem rechtsdrehenden Propeller?**	Das Heck dreht nach Backbord.
42 **Was bewirkt der Quickstopp?**	Unterbrechung von Zündkontakt bzw. Kraftstoffzufuhr.
43 **Was ist zu unternehmen, wenn Treibstoff oder Öl in die Bilge gelangt?**	Mit Lappen aufnehmen und umweltgerecht entsorgen.
44 **Was ist unter einem rechtsdrehenden Propeller zu verstehen?**	Von achtern gesehen in Vorausfahrt Drehung des Propellers im Uhrzeigersinn.

Erläuterungen	Notizen während des Unterrichts
Vor jedem Ankermanöver prüfen, ob Leine und Anker sicher miteinander verbunden sind. Wenn man beim Anfassen der Kette/Leine keine Bewegung spürt und sich die Lage gegenüber einem anvisierten Punkt nicht verändert, hat sich der Anker eingegraben	
Dabei auf Strömung und Wind achten und ggf. für das Manöver nutzen.	
Der rechtsdrehende Propeller dreht bei Rückwärtsfahrt gegen den Uhrzeigersinn, das heißt nach links, und schiebt somit das Heck nach Backbord.	
Der Motor bleibt stehen. Diese Unterbrechung kann durch eine sich bei Bewegung lösende Leinenverbindung zum Fahrer oder einen Notschalter ausgelöst werden. Dieser Schalter ist im Hochleistungssport international vorgeschrieben.	
Keinesfalls diese »Brühe« mit der Bilgenpumpe nach außen ins Wasser befördern, sondern mit Lappen aufsaugen und im Hafen umweltgerecht entsorgen (Ölabfälle).	
Wenn man hinter dem Boot steht, auf den Propeller schaut und das Getriebe auf Vorausfahrt geschaltet ist, dreht der Propeller im Sinne der Uhr (rechtsherum).	

Frage	Gültige Antwort
45 **Was ist unter einem linksdrehenden Propeller zu verstehen?**	Von achtern gesehen in Vorausfahrt Drehung des Propellers gegen den Uhrzeigersinn.
46 **Was ist unter der indirekten Ruderwirkung (Radeffekt) des Propellers zu verstehen?**	Das seitliche Versetzen des Hecks.
47 **Weshalb ist die Kenntnis der Propellerdrehrichtung von Bedeutung?**	Sie hilft beim Manövrieren.
48 **Welche Anlegeseite ist mit rechtsdrehendem Propeller empfehlenswert und warum?**	Die Backbordseite – der Radeffekt zieht das Fahrzeug an die Pier.
49 **Was muss beim Tanken beachtet werden?**	Motor abstellen, keine elektrischen Schalter betätigen, Vorbereitung gegen das Überlaufen von Kraftstoff treffen, kein offenes Feuer.

Erläuterungen	Notizen während des Unterrichts
Wenn man hinter dem Boot steht, auf den Propeller schaut und das Getriebe auf Vorausfahrt geschaltet ist, dreht der Propeller gegen den Uhrzeigersinn (linksherum).	
Der Propeller schiebt nicht nur das Boot voraus und zurück, sondern das Heck auch leicht zur Seite. Da der Kurs eines Schiffes, im Gegensatz zum Pkw, vom Heck her bestimmt wird, ist dieser Seitenschub beim An- und Ablegen sehr nützlich.	
Die Drehrichtung des Propellers kann man beim An- und Ablegen nutzen, da sie das Heck zur gewünschten Seite schiebt. Die Wirkung des Seitenschubs ist bei Vor- oder Rückwärtsfahrt unterschiedlich.	
Der Radeffekt ist sehr nützlich, um auf engem Raum anzulegen. Beim Abstoppen kurz in der Neutralstellung halten, um Getriebeschäden zu vermeiden.	
Nicht rauchen und Lappen für übergelaufenen Treibstoff bereithalten. Wenn aus Kanistern getankt wird, nur Trichter mit Sieb benutzen. Wenn aus der Tanksäule nachgefüllt wird, Zapfhahn in der Hand halten, um Herausrutschen zu verhindern und um sofort abstellen zu können.	

Frage	Gültige Antwort
50 **Wodurch wird bei einem Fahrzeug mit Außenbordmotor und ohne Ruderanlage die Ruderwirkung erzielt?**	Durch Schraubenstrom und Richtung des Propellers.
51 **Weshalb setzt bei einem Fahrzeug mit Einbaumaschine und starrer Welle bei Aufnahme der Rückwärtsfahrt die Ruderwirkung erst relativ spät ein?**	Weil sie erst mit Anströmung des Ruderblattes einsetzt.
52 **Während der Fahrt sollte die Maschinenanlage ständig überwacht werden. Worauf muss besonders geachtet werden?**	Motortemperatur, Öldruck, Ladekontrolle.
53 **Die Temperatur der Antriebsmaschine überschreitet die zulässigen Grenzwerte. Was könnte die mögliche Ursache sein?**	Defektes Thermostat, defekte Impellerpumpe, geschlossenes Seeventil, zu niedriger Kühlwasserstand.
54 **Die Ladekontrolllampe erlischt nach dem Starten nicht. Was könnte die mögliche Ursache sein?**	Lichtmaschine bzw. Regler der Lichtmaschine defekt.

Erläuterungen	Notizen während des Unterrichts
Wenn der Motor nach Steuerbord gedreht wird, schwenkt das Heck nach Backbord aus und dreht das Boot um seine Querachse in die gewünschte Richtung.	
Je stärker das Ruderblatt angeströmt wird, also je größer die Kraft, die auftrifft, desto stärker die Wirkung. Bei schneller Fahrt sind nur kleine Ruderausschläge zur Kurskorrektur nötig.	
Alle Überwachungsanzeigen für Motortemperatur, Batterie und Öldruck ständig im Auge behalten. Unregelmäßigkeiten haben zumeist auch Auswirkungen auf andere Funktionen. Keinesfalls vom Steg ablegen, ehe nicht alle Armaturen die vorgeschriebenen Werte anzeigen oder das Kühlwasser nicht ordnungsgemäß austritt.	
Fast alle Motordefekte oder Störungen machen sich zuerst über die Maschinentemperatur bemerkbar.	
Abgesehen von Lichtmaschine oder Regler ist die Spannung des Keilriemens zu prüfen (ausgeleiert, abgesprungen oder gerissen).	

Frage	Gültige Antwort
55 **Die Ölkontrollleuchte leuchtet nach dem Starten weiter. Was könnte die mögliche Ursache sein?**	Druckschalter bzw. Öldruckpumpe defekt.
56 **Der Motor ist gestartet worden. Was kann die Ursache sein, wenn nach dem Einkuppeln der Antriebswelle der Motor stehenbleibt?**	Blockierter Propeller.
57 **Ein Außenborder mit gefülltem Tank bleibt während der Fahrt stehen. Was könnten die Ursachen sein?**	Belüftungsschraube geschlossen; verstopfte Kraftstoffleitung.
58 **Was sollte stets getan werden, bevor nach Ende einer Fahrt der Außenborder hochgekippt oder abgenommen wird?**	Vergaser leerfahren, damit kein Kraftstoff ausläuft.
59 **Welche Einstellung führt bei Bootsmotoren zu einem besonders hohen Schadstoffausstoß und sollte unbedingt vermieden werden?**	Verringerter Luftanteil beim Luft-Kraftstoff-Gemisch; erhöhter Ölanteil beim Mischungsverhältnis bei Zweitaktmotoren.
60 **Welche Vorkehrungen sind für das längere Verlassen des Fahrzeugs zu treffen?**	Alle Seeventile schließen und den Hauptschalter des Bordnetzes ausschalten.

Erläuterungen	Notizen während des Unterrichts
Mit dem Ölmessstab den Ölstand in der Wanne prüfen (bei stillstehendem Motor). Eine sichere Kontrolle des Ölstands in der Ölwanne ist nur über den Peilstab möglich.	
Besonders an Liegeplätzen in Flüssen verhängt sich oft Treibgut wie Äste oder Müllbeutel in der Schraube oder Holzteile klemmen zwischen Schraube und Bootsboden.	
Bei kleineren Tanks geschieht die Belüftung nur durch ein kleines Loch im Tankdeckel, das verstopft sein kann.	
Schlauch abklemmen, Maschine so lange laufen lassen, bis sie stehen bleibt.	
Die Luftzufuhr entspricht nicht den Vorschriften des Motorenherstellers. Bei Zweitaktern ist dem Benzin zu viel Öl beigemischt. Bei zu hohem Ölanteil verölen die Zündkerzen. Betriebsanleitung genau einhalten.	
Den Zugang zum Bootsinnern sperren und Außenborder gegen Diebstahl sichern (Schloss).	

Frage	Gültige Antwort
61 **Wie ist ein enges Gewässer zu befahren, wenn man sich am Ufer festgemachten Fahrzeugen nähert?**	Verringerung der Geschwindigkeit, um schädlichen Sog und Wellenschlag zu vermeiden.
62 **Wo sollen die Gasbehälter einer Flüssiggasanlage gelagert werden?**	Möglichst an Deck, geschützt vor Sonneneinstrahlung, sonst in einem besonders abgeschlossenen Raum für Gasbehälter, der in Bodenhöhe eine Öffnung nach außenbords hat.
63 **Warum sind die Flüssiggase Propan und Butan an Bord besonders gefährlich?**	Beide Gase sind schwerer als Luft und bilden mit Luft ein explosives Gemisch.
64 **Was ist zu tun, wenn Flüssiggas in das Innere des Bootes gelangt?**	Gaszuführung absperren und für Lüftung sorgen. Außerdem keine elektrischen Schalter betätigen und kein Funk und keine Mobiltelefone benutzen.
65 **Was ist vor Inbetriebnahme einer Flüssiggasanlage zu prüfen?**	Die Anlage muss abgenommen sein, Leitungen und Anschlüsse müssen dicht sein. Haupthahn und andere Absperrventile sind zu öffnen.
66 **Was ist zu beachten, wenn eine Flüssiggasanlage außer Betrieb gesetzt wird?**	Haupthahn und Absperrventile sind zu schließen.

Erläuterungen	Notizen während des Unterrichts
Rechtzeitig langsamer fahren, damit die nachlaufenden eigenen Wellen die liegenden Boote nicht aufschaukeln und beschädigen.	
Geeignet ist der Stauraum unter der Bank an Deck. Bei geschlossenen Kästen im Boden eine Öffnung mit Ausfluss nach außenbords vorsehen.	
Die große Gefahr entsteht dadurch, dass diese Gase im Schiffsrumpf zur tiefsten Stelle absinken und nicht entweichen können.	
Keinesfalls versuchen, mit dem Staubsauger das Gas aus der tiefsten Stelle des Bootes (Bilge) abzusaugen. Das Gas wird durch Funken des E-Motors entzündet. Der Staubsauger explodiert.	
Es dürfen nur bestimmte Rohre und Schläuche verwendet werden. Durch »Abdrücken« wird die Dichtigkeit kontrolliert.	
Der Haupthahn ist das Ventil, welches direkt auf der Flasche sitzt.	

Frage	Gültige Antwort
67 **Wie oft muss man aufblasbare Rettungsmittel warten lassen?**	Entsprechend der Herstellerangabe, mindestens alle 2 Jahre.

68 **Welcher Feuerlöscher ist für Sportboote zweckmäßig und wie oft muss man einen Feuerlöscher überprüfen lassen?**	ABC-Pulver- und Schaumlöscher, mindestens alle 2 Jahre.

69 **Welche Maßnahmen muss man ergreifen, um einen Brand mit dem Feuerlöscher wirksam zu bekämpfen?**	Luftzufuhr verhindern, Feuerlöscher erst am Brandherd einsetzen und das Feuer möglichst von unten bekämpfen.

70 **Wie hat man sich nach einem Zusammenstoß zu verhalten?**	Hilfe leisten und so lange am Unfallort bleiben, bis ein weiterer Beistand nicht mehr erforderlich ist; alle erforderlichen Daten austauschen.

Erläuterungen	Notizen während des Unterrichts
Aufblasbare Rettungsmittel sind Rettungswesten und für den Einsatz im Notfall vorgesehene Schlauchboote. Wartungsanleitung des Herstellers befolgen. Prüfungen mindestens jedoch alle 2 Jahre. Während des Jahres die Umhüllung auf Beschädigung prüfen.	
Da es für die verschiedenen Brandauslöser auch unterschiedliche Löschmittel (flüssig oder in Pulverform) gibt, ist auf die Bezeichnung ABC-Pulverlöscher zu achten.	
Den Strahl in die Flamme zu halten, ist zwecklos. Möglichst nah auf glühende Teile richten. Ein Löscher mit 5 Litern gehört griffbereit unmittelbar neben den Steuerstand. Bei größeren Booten empfiehlt sich ein weiterer Löscher im Kochbereich.	
Personen aus der Gefahrenzone und das Fahrzeug ans Ufer oder Ufernähe bringen. Bei Personenschäden per Handy und Notruf ärztliche Hilfe anfordern. Solange am Unfallort Hilfe leisten, wie es erforderlich ist. Alle für später notwendigen Daten austauschen (z. B. Datum, Uhrzeit, Gewässerkilometer, Bootsdaten, Zeugen usw.)	

Frage	Gültige Antwort
71 **Welche Faktoren sind hauptsächlich für das Wettergeschehen, also für Wind und Niederschläge, ausschlaggebend?**	Luftdruckänderung, Luftfeuchtigkeit und Temperatur.
72 **In welcher Situation dürfen Notsignale gegeben werden?**	Wenn Gefahr für Leib und Leben von Personen besteht und daher Hilfe benötigt wird.

Spezifische Fragen Binnen

73 **Für welche Sportboote ist der Sportbootführerschein mit dem Geltungsbereich Binnenschifffahrtsstraßen vorgeschrieben?**	Für Sportboote von mehr als 11,03 kW (15 PS) Nutzleistung und weniger als 20 m Länge, auf dem Rhein von mehr als 3,68 kW (5 PS) Nutzleistung und weniger als 15 m Länge.
74 **Auf welchen Gewässern gilt der Sportbootführerschein mit dem Geltungsbereich Binnenschifffahrtsstraßen?**	Auf den Bundeswasserstraßen im Binnenbereich.
75 **Aus welchen Gründen muss der Sportbootführerschein mit dem Geltungsbereich Binnenschifffahrtsstraßen entzogen werden?**	Bei fehlender Tauglichkeit oder fehlender Zuverlässigkeit.

Erläuterungen	Notizen während des Unterrichts
Die für diese Messungen geeigneten Instrumente sind einfach und wartungsfrei. Auch auf kleineren Booten sind sie problemlos mitzuführen.	
Das im Kreis geschwenkte Licht (bei Tage rote Flagge oder sonstiger Gegenstand) muss selbstverständlich in die Richtung gezeigt werden, aus welcher Hilfe zu erwarten ist. Kleinere Boote sollten versuchen, sich mit dem Notpaddel aus dem Fahrwasser herauszumanövrieren. In der Praxis bedeutet der Begriff »sonstiger Gegenstand« zumeist ein Handtuch oder Hemd.	
Der Sportbootführerschein mit dem Geltungsbereich Binnenschifffahrtsstraßen ist auch bei Auslandsreisen mitzuführen und wird dort bei Fahrten auf Binnenwasserstraßen anerkannt. Gegenseitigkeitsabkommen.	
Das sind alle befahrbaren Flüsse, Kanäle und z. T. Häfen. Für Landeswasserstraßen, kommunale und private Gewässer kann es Sondervorschriften geben.	
Dies ist auch der Fall, wenn bestimmte Auflagen im Sportbootführerschein nicht mehr erfüllt werden.	

Frage	Gültige Antwort
76 **Was beinhaltet die allgemeine Sorgfaltspflicht?**	Vermeidung der Gefährdung von Menschenleben, von Beschädigungen an Fahrzeugen, Anlagen oder Ufern, Behinderung der Schifffahrt und Beeinträchtigung der Umwelt.
77 **Unter welchen Umständen darf von den geltenden Bestimmungen über das Verhalten im Verkehr auf den Binnenschifffahrtsstraßen abgewichen werden?**	Bei unmittelbar drohender Gefahr für sich oder andere.
78 **Welche Anforderung neben der körperlichen und geistigen Tauglichkeit und fachlichen Eignung muss der Führer eines Sportbootes auf Binnenschifffahrtsstraßen, mit Ausnahme des Rheins erfüllen, wenn die größte Nutzleistung der Antriebsmaschine 11,03 kW oder weniger beträgt?**	Mindestalter 16 Jahre.
79 **Welche Anforderung neben der körperlichen und geistigen Tauglichkeit und fachlichen Eignung muss der Führer eines Sportbootes auf dem Rhein erfüllen, wenn die Nutzleistung der Antriebsmaschine mehr als 3,68 kW beträgt?**	Besitz eines Sportbootführerscheins mit dem Geltungsbereich Binnenschifffahrtsstraßen für Sportboote mit Antriebsmaschine oder eines gleichgestellten Befähigungszeugnisses.
80 **Welche Anforderungen werden an die Person gestellt, mit der der Schiffsführer das Ruder eines Sportbootes mit Antriebsmaschine auf Binnenschifffahrtsstraßen besetzten will?**	Sie muss mindestens 16 Jahre alt und körperlich, geistig und fachlich geeignet sein.

Erläuterungen	Notizen während des Unterrichts
Hierzu gehört besonders das Erzeugen übermäßigen Wellenschlags gegenüber kleineren Booten, aber auch das irritierende Hin- und Herfahren. Segelboote sollten am Heck umfahren werden.	
Es kann sogar vorkommen, dass die Einhaltung von Vorschriften die drohende Gefahr noch vergrößert.	
Antriebe unterhalb der 3,68-kW-Grenze sind überwiegend Außenbordmotoren.	
Gleichgestellt heißt ebenwertig (z.B. Ausland) oder höherwertiges Patent. *Über gleichgestellte Befähigungserzeugnisse erteilen der Deutsche Motoryachtverband in 47119 Duisburg, Vinckeufer 12–14, Tel. (0203) 90958-0, Fax: (0203) 80958-58, info@dmyv.de,* *und der Deutsche Segler-Verband Auskunft. Ebenso alle Prüfungsausschüsse (siehe Anhang).*	
Sie muss ausschließlich den Anweisungen des Schiffsführers folgen.	

Frage	Gültige Antwort
81 **Wo erhält man Auskünfte über Verkehrsbeschränkungen und aktuelle Information über Binnenschifffahrtsstraßen?**	Bei der Wasserstraßen- und Schifffahrtsverwaltung, im Internet unter www.elwis.de und bei der Wasserschutzpolizei.
82 **Wozu muss der Rudergänger eines Sportbootes zur sicheren Steuerung in der Lage sein?**	Alle Informationen und Weisungen zu empfangen und zu geben, alle Schallzeichen wahrzunehmen und nach allen Seiten genügend freie Sicht zu haben.
83 **Bis zu welcher Schiffslänge berechtigt der Sportbootführerschein mit dem Geltungsbereich Binnenschifffahrtsstraßen mit Ausnahme des Rheins zum Führen eines Sportbootes auf Binnenschifffahrtsstraßen?**	Bis zu einer Länge von weniger als 20 m (ohne Ruder und Bugspriet).
84 **Wo findet man die allgemeinen Verkehrsregeln für die Binnenschifffahrtsstraßen und den Rhein?**	Binnenschifffahrtsstraßen-Ordnung, Rheinschifffahrtspolizeiverordnung.
85 **Wo findet man die allgemeinen Verkehrsregeln für die Mosel und die Donau?**	Moselschifffahrtspolizeiverordnung, Donauschifffahrtspolizeiverordnung.

Erläuterungen	Notizen während des Unterrichts
Revierbezogene Merkblätter liegen auch bei Vereinen und Marinas bereit.	
Der Rudergänger muss alle Anweisungen des Schiffsführers umsetzen, auf Schallzeichen anderer Fahrzeuge sowie auf Tafelzeichen am Ufer achten.	
Die Länge von 20 m bezieht sich nur auf den Rumpf; zur Schiffslänge zählen nicht angeschraubte Badeplattform, Bugausstiege, Badeleitern.	
In der Praxis gibt es kaum Schwierigkeiten, da diese Verordnungen weitestgehend übereinstimmen. Die Wasserflächen im Fahrwasser, auf denen Wasserskilaufen und das Fahren mit Wassermotorrädern erlaubt ist, sind durch Tafeln mit dem entsprechenden Symbol gekennzeichnet.	
Verkehrsregeln für die Donau und die Mosel ergeben sich aus internationalen Verordnungen. In der Praxis ergeben sich kaum Schwierigkeiten, da die Verordnungen weitestgehend übereinstimmen. Auf örtliche Geschwindigkeitsbeschränkungen achten.	

Frage	Gültige Antwort
86 **Wo findet man Regeln für den Verkehr von Wassermotorrädern und für das Wasserskilaufen?**	Wassermotorräderverordnung, Wasserskiverordnung

87 **Welche Maßnahmen sind zu treffen, wenn das Fahrzeug innerhalb des Fahrwassers bzw. der Fahrrinne Grundberührung hat?**	Die Wasserstraßen- und Schifffahrtsverwaltung oder die Wasserschutzpolizei ist mit genauer Angabe der Hindernisstelle zu benachrichtigen.

88 **Was versteht man unter »Fahrwasser«?**	Den Teil der Wasserstraße, der den örtlichen Umständen nach vom durchgehenden Schiffsverkehr benutzt wird.

89 **Was versteht man unter »Fahrrinne«?**	Es ist der Teil der Wasserstraße, in dem für den durchgehenden Schiffsverkehr bestimmte Breiten und Tiefen vorgehalten bzw. angestrebt werden.

90 **Wie wird die Schifffahrt vom Erreichen bestimmter Wasserstände und Hochwassermarken informiert?**	Durch Nautischen Informationsfunk, Information im Rundfunk, im Fernsehen und im Internet.

Erläuterungen	Notizen während des Unterrichts
Für Wassermotorräder und das Wasserskilaufen gelten besondere Verordnungen. Diese Verordnungen betreffen jeweils kürzere Gewässerabschnitte. Uferbeschilderung.	
Oft handelt es sich nicht um den eigentlichen Grund, sondern um eingebrachte Gegenstände, wie z. B. verlorene Anker, Diebesgut, Fahrzeuge.	
Das Fahrwasser ist der Teil eines Gewässers, der dem durchfahrenden Verkehr zur Verfügung steht. Das muss nicht die Mitte der Wasserstraße sein, sondern richtet sich nach der Wassertiefe. In Flussbiegungen ist das oft nahe der Außenkurve.	
Es ist die Strecke einer Wasserstraße, die durch Baggern stets für den Verkehr auf die notwendige Tiefe und vorgesehene Breite gebracht wird.	
Diese Informationen durch die Funkmedien in den frühen Morgenstunden dienen dem Ablauf des Verkehrs. Oft ist auch die Sportschifffahrt betroffen und muss den Anweisungen folgen.	

Frage	Gültige Antwort
91 **Wo kann der Sportbootfahrer vor Ort das Erreichen bestimmter Wasserstände und Hochwassermarken feststellen?**	An den Pegeln und ausgewiesenen Hochwassermarken.
92 **Welche Auswirkungen kann das Erreichen der Hochwassermarke I für die Sportschifffahrt haben?**	Geschwindigkeitsbeschränkung und Fahrverbot für Fahrzeuge ohne Sprechfunk.
93 **Welche Auswirkungen hat das Erreichen der Hochwassermarke II für die Sportschifffahrt?**	Einstellung der Schifffahrt.
94 **In welche Richtung werden bei Flüssen die Uferseiten als rechtes bzw. linkes Ufer bezeichnet?**	Von der Quelle bis zur Mündung.
95 **Was bedeutet »zu Berg« oder »Bergfahrt« auf Flüssen?**	Die Fahrt in Richtung Quelle.

Erläuterungen	Notizen während des Unterrichts
Hochwassermarken befinden sich an Mauern, Gebäuden und Brückenpfeilern. Am Ufer größerer Städte stehen sogenannte Pegelhäuschen mit großen Uhren, die den jeweiligen Wasserstand anzeigen.	
Bei Hochwasser ist mit angepasster Geschwindigkeit die Fahrwassermitte zu befahren und auf Beschränkungen zu achten. Letztere gelten zumeist für die Talfahrt.	
Beschränkungen durch Hochwasser gelten auch für die Sportschifffahrt. Bei Hochwassermarke II ist der nächste Hafen anzulaufen.	
Wer in Richtung der Flussmündung, also mit der Strömung (talwärts), fährt, hat an seiner rechten Seite (Steuerbord) auch das rechte Ufer (Beispiel: Düsseldorf liegt rechtsrheinisch).	
Die Quelle liegt in der Richtung, aus der einem das Wasser entgegenkommt. Zu Berg fahren heißt, gegen die Strömung, also in Richtung der Quelle eines Flusses. Dann hat man an der rechten Seite das linke Ufer (Beispiel: Köln liegt linksrheinisch).	

Frage	Gültige Antwort
96 **Was bedeutet »zu Berg« oder »Bergfahrt« auf Kanälen?**	Die Fahrt, die in Teil II der Binnenschifffahrtsstraßen-Ordnung als Fahrt »zu Berg« oder »Bergfahrt« festgelegt ist.
97 **Welche Zeichen begrenzen die Fahrrinne zum rechten Ufer?**	Rote Stumpftonnen oder Schwimmstangen.
98 **Welche Zeichen begrenzen die Fahrrinne zum linken Ufer?**	Grüne Spitztonnen oder Schwimmstangen.
99 **Welche Fahrrinnenseite hat ein Bergfahrer an seiner Steuerbordseite und wie ist diese gekennzeichnet?**	Die linke Fahrrinnenseite, gekennzeichnet durch grüne Spitztonnen oder Schwimmstangen.
100 **Was bedeutet eine rot-grün gestreifte Tonne oder Schwimmstange und was ist zu beachten?**	Fahrrinnenspaltung. Vorbeifahrt an beiden Seiten möglich.
101 **Mit welchen Zeichen werden Hindernisse wie zum Beispiel Buhnen und Kribben an der rechten Seite der Wasserstraße bezeichnet?**	Stangen mit Toppzeichen: roter Kegel, Spitze nach unten, oder rot-weiß gestreifte Schwimmstange mit rotem Zylinder.

Erläuterungen	Notizen während des Unterrichts
Wer in der letzten Schleuse hochgehoben wurde, ist auf Bergfahrt. Bei Herabschleusung ist man auf Talfahrt.	
Stumpftonnen am rechten Ufer sind mit einem roten Fass vergleichbar. Rote Schwimmstangen sind Stangen, die am Flussboden mit Ketten befestigt sind.	
Spitztonnen sind schwimmende, pyramidenförmige, grüne Behälter.	
Wenn Sie gegen die Strömung, also zu Berg fahren, lassen Sie die grünen Tonnen rechts zwischen sich und dem Ufer oder einem Unterwasserhindernis.	
Zweifarbige Tonnen oder Stangen (rot-grün) sind an beiden Seiten passierbar.	
Bauwerke zur Wasserregulierung (Buhnen/Kribben), die je nach Wasserstand sichtbar oder überspült sind, werden durch rot-weiße Stangen oder rot-weiße Tonnen gekennzeichnet. Sie tragen stumpfe Toppzeichen (wie kleine Konservendosen) oder ein Dreieck, Spitze nach unten.	

Frage	Gültige Antwort
102 **Was kennzeichnet eine grün-weiß gestreifte Schwimmstange mit grünem Kegel, Spitze nach oben, oder eine grüne Tonne mit grün-weiß gestreiftem Aufsatz mit grünem Kegel, Spitze nach oben?**	Hindernis an der linken Seite der Wasserstraße.
103 **Was ist in Kanälen verboten?**	Ankern.
104 **Was bedeuten auf einem stillliegenden Fahrzeug zwei weiße Lichter übereinander?**	Ein Ankerlieger, dessen Anker die Schifffahrt gefährden kann.
105 **Welches Licht setzt ein stillliegendes Fahrzeug?**	Ein von allen Seiten sichtbares weißes Rundumlicht auf der Fahrwasserseite.
106 **Wie sind Anker am Tage bezeichnet, die die Schifffahrt behindern können?**	Mit einem gelben Döpper.
107 **Was bedeutet dieses Tafelzeichen?** 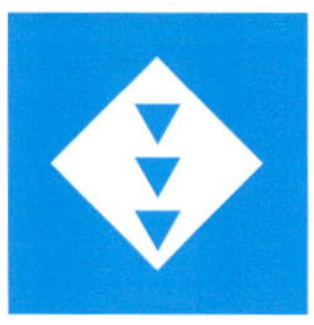	Liegestelle für Fahrzeuge mit explosiven Stoffen, für Kleinfahrzeuge verboten.

Erläuterungen	Notizen während des Unterrichts
Sichtbare oder unsichtbare Hindernisse werden zum linken Ufer hin grün-weiß gekennzeichnet. Feste Stangen oder schwimmende Tonnen tragen einen spitzen Aufsatz (Dreieck, Spitze nach oben).	
Weil im Kanalbett Kabel und Leitungen vergraben sind und sonstige Beschädigungen möglich sind, ist das Ankern in Kanälen verboten.	
Besonders gefährlich ist die Kette, die vom Schiff zum Anker führt.	
Damit wird angezeigt, an welcher Seite die durchfahrende Schifffahrt vorbeifahren muss.	
Döpper sind kleine, gelbe, runde Bojen, die genau über dem Anker schwimmen.	
Dieser Liegeplatz ist ausschließlich Fahrzeugen mit explosiver Ladung vorbehalten.	

Frage	Gültige Antwort
108 **Was bedeuten diese Tafelzeichen?** 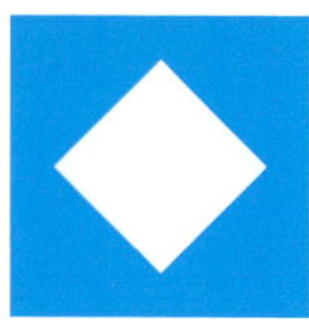 	Liegestelle für Fahrzeuge ohne gefährliche Güter, auch für Kleinfahrzeuge.
109 **Wo besteht ohne besondere Bezeichnung der Stellen bzw. Strecken ein allgemeines Liegeverbot?**	Auf Schifffahrtskanälen und Schleusenkanälen.
110 **Welche Bedeutung hat das nachstehende Tafelzeichen?** 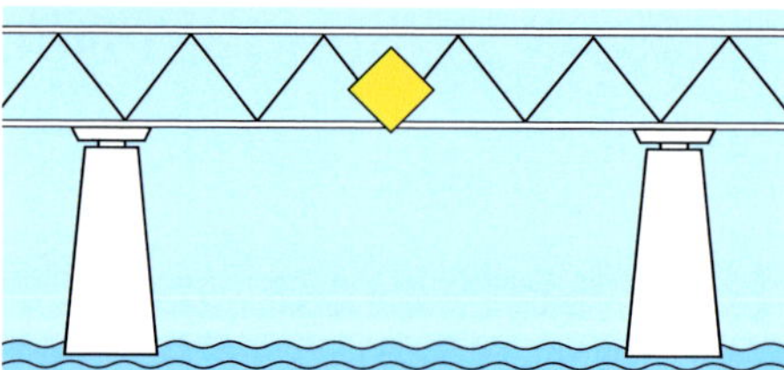	Empfohlene Durchfahrtsöffnung, Durchfahrt in beide Richtungen erlaubt.
111 **Welche Bedeutung haben die nachstehenden Tafelzeichen?** 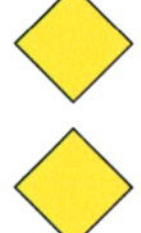 **oder** 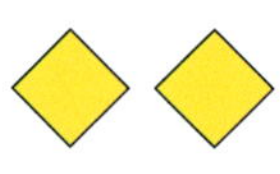	Empfohlene Durchfahrt, Durchfahrt in Gegenrichtung verboten.

Erläuterungen	Notizen während des Unterrichts
Auf der Spitze stehendes Quadrat bedeutet: Liegeplatz für alle Schiffe. Das Dreieck, Spitze unten, bedeutet: Liegeplatz für die Schubschifffahrt. Auch Sportboote können bei beiden Tafelzeichen festmachen.	
Allgemein ist das Liegen in Kanälen und Schleusenzufahrten verboten. Dies gilt auch in Ausbuchtungen, die der Schifffahrt als Wendeplatz dienen.	
Die anderen Brückendurchfahrten können auf eigene Gefahr benutzt, sollten also nur von Ortskundigen befahren werden. Meist ist dort bei niedrigem Wasserstand ein Hindernis.	
Unter diesem Brückenbogen ist Einbahnverkehr, es kann dort also niemand entgegenkommen. Ortskundige können aber auch andere Brückendurchfahrten benutzen.	

Frage	Gültige Antwort
112 **Was bedeuten diese Tafelzeichen an Brücken?** 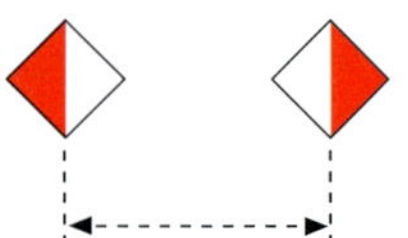	Durchfahrt nur zwischen den beiden Tafeln erlaubt.
113 **Was bedeuten diese Tafelzeichen an Brücken?** 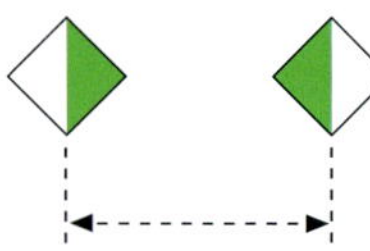	Empfohlene Durchfahrt nur zwischen den beiden Tafeln.
114 **Was bedeutet dieses Tafelzeichen an Brücken?** 	Empfohlene Durchfahrt mit Gegenverkehr.
115 **Was bedeuten diese Tafelzeichen an Brücken?**  	Empfohlene Durchfahrt ohne Gegenverkehr.

Erläuterungen	Notizen während des Unterrichts
Die Brückenöffnung kann nicht in ihrer ganzen Breite genutzt werden, sondern nur zwischen den Tafeln. Bauteile der Pfeiler engen das Fahrwasser ein.	
Mit diesen Zeichen wird eine Brückendurchfahrt empfohlen. Dies gilt besonders an Brücken mit mehreren Bögen.	
Zwischen diesen Pfeilern kann ein Fahrzeug entgegenkommen.	
Unter dieser Brücke ist Einbahnverkehr. Nur unter diesen beiden gelben Tafeln durchfahren.	

Frage	Gültige Antwort
116 **Was bedeutet dieses Tafelzeichen im Bereich eines Wehres?** 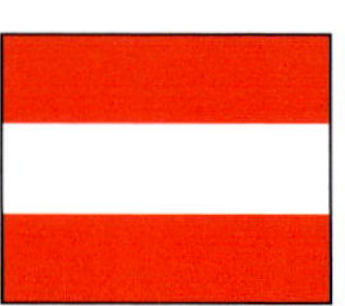	Verbot der Durchfahrt und Sperrung der Schifffahrt.

117 **Welche Bedeutung haben vor einer Schleuse ein rotes oder ein rotes und ein grünes Licht?**	Einfahrt verboten, Öffnen der Schleuse wird vorbereitet.

118 **In welcher Reihenfolge fahren Fahrzeuge, die nicht Kleinfahrzeuge sind, und Kleinfahrzeuge, die gemeinsam geschleust werden sollen, in die Schleuse ein?**	Kleinfahrzeuge fahren erst nach den Fahrzeugen, die nicht Kleinfahrzeuge sind, und nach Aufforderung durch die Schleusenaufsicht in die Schleuse ein.

119 **Mehrere Kleinfahrzeuge sollen gemeinsam vom Oberwasser in das Unterwasser geschleust werden. Worauf ist bei deren Einfahrt in die Schleuse und während des Schleusens besonders zu achten?**	Das letzte Kleinfahrzeug muss so weit einfahren, dass es beim Leeren der Schleuse nicht auf den Drempel aufsetzen kann. Die Festmacherleinen sind so zu bedienen, dass Stöße gegen Schleusenwände, Schleusentore, andere Fahrzeuge vermieden werden und ein sicheres Fieren der Leinen möglich ist.

Erläuterungen	Notizen während des Unterrichts
Ab dieser Tafel ist die Weiterfahrt oder Einfahrt für alle Fahrzeuge verboten. Die Gründe sind vielfältig: Wehr, seichte Stelle, Bauteile unter Wasser u.Ä.	
Die Schleuse ist momentan noch belegt, wird aber in Kürze zur Einfahrt durch ein oder zwei grüne Lichter freigegeben. Das rote Licht erlischt.	
Erst wenn die Großschifffahrt in der Schleuse festgemacht hat, fahren die Kleinfahrzeuge dahinter ein. Die Schleusenaufsicht kann jedoch über die Lautsprecher abweichende, besondere Anweisungen geben. Bei roter Ampel ist die Einfahrt auch bei geöffnetem Tor verboten.	
Der Drempel ist die unterhalb des oberen Schleusentors befindliche Schwelle/Stufe vom Oberwasser nach unten. Auf dieses Mauerwerk kann man beim Abschleusen aufsetzen, wenn man nicht weit genug vom Obertor entfernt liegt. Mit den Leinen das Boot so an der Mauer halten, dass beim Abschleusen das Fieren (nachgeben/durchrutschen) der Leine möglich ist (keine Knoten).	

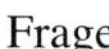

Frage	Gültige Antwort
120 **Was bedeuten diese Lichter?** 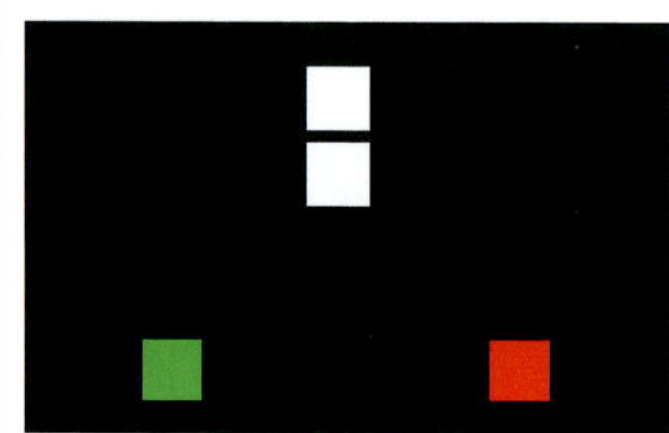	Fahrzeug mit Maschinenantrieb länger als 110 m.
121 **Was bedeutet dieses Sichtzeichen?** 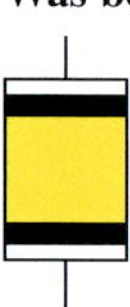	Schleppfahrzeug an der Spitze eines Schleppverbandes.
122 **Was bedeutet dieses Sichtzeichen?** 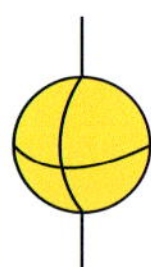	Fahrzeug eines Schleppverbandes.
123 **Was bedeuten diese Lichter?** 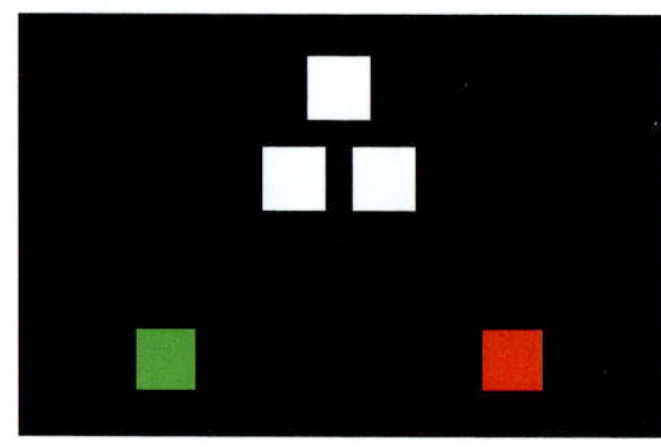	Schubverband in Fahrt von vorne.

Erläuterungen	Notizen während des Unterrichts
Hier ist eindeutig zu erkennen, dass hinter diesem Fahrzeug mindestens noch ein weiteres Fahrzeug folgt und dass man wegen der Schlepptrosse diesen Schlepper nicht am Heck umfahren darf.	
Hinter diesem Fahrzeug (Schlepper) hängen weitere Fahrzeuge. Nicht dahinter queren, da zu den Anhängen schwere Schlepptrossen unter Wasser durchhängen.	
Von jedem Fahrzeug mit diesem Sichtzeichen führt eine Trosse zum Schlepper.	
Diese Lichter führt ein entgegenkommender Schubverband auf dem vordersten Schubleichter am Bug (volkstümlich »Christbaum« genannt).	

Frage	Gültige Antwort
124 **Was bedeuten diese Lichter?** 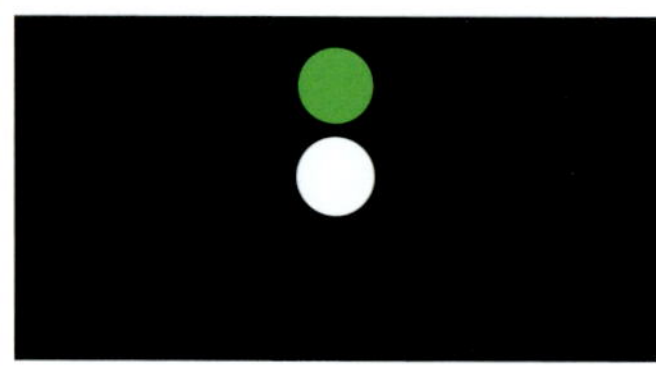	Nicht frei fahrende Fähre.
125 **Was bedeuten diese Lichter?** 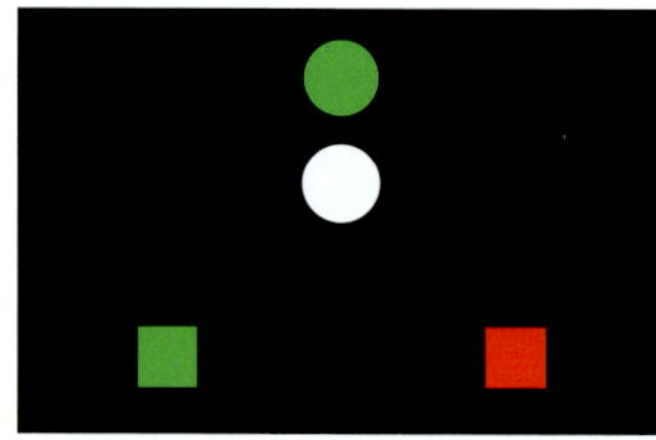	Frei fahrende Fähre.
126 **Was bedeutet auf einem Fahrzeug ein blaues Licht?**	Fahrzeug hat brennbare Stoffe geladen, Abstand beim Stillliegen 10 m.
127 **Was bedeutet dieses Sichtzeichen?** 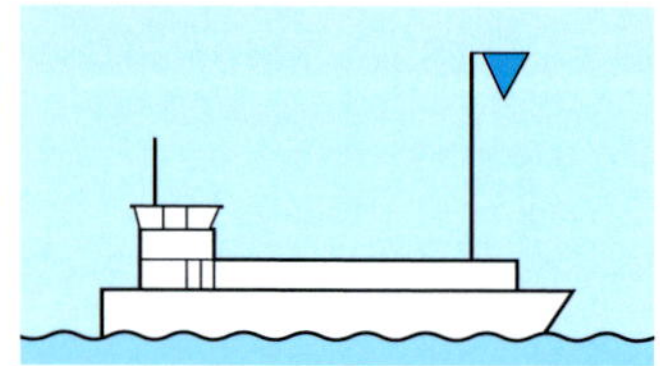	Fahrzeug hat brennbare Stoffe geladen, Abstand beim Stillliegen 10 m.

Erläuterungen	Notizen während des Unterrichts
Eine Fähre, die an einem Drahtseil zwischen zwei Türmen oder einer Trosse unter Wasser von Ufer zu Ufer fährt, führt ein einzelnes weißes Licht und ein grünes darüber.	
Frei fahrende Fähren führen die Lichter wie ein Motorschiff mit einem grünen Licht zusätzlich über dem Topplicht. Beim Passieren immer am Heck umfahren.	
Fahrzeuge mit besonderen Ladungen führen bei Nacht entsprechende blaue Lichter im Topp. Tanker zeigen ein einzelnes blaues Licht und der Sicherheitsabstand beträgt 10 m beim Stillliegen.	
Tanker sind zusätzlich durch dieses blaue Sichtzeichen (Dreieck, Spitze nach unten) gekennzeichnet.	

Frage	Gültige Antwort
128 **Was bedeuten auf einem Fahrzeug zwei blaue Lichter übereinander?**	Fahrzeug hat gesundheitsschädliche Stoffe geladen, Abstand beim Stillliegen 50 m.
129 **Was bedeutet dieses Sichtzeichen?** 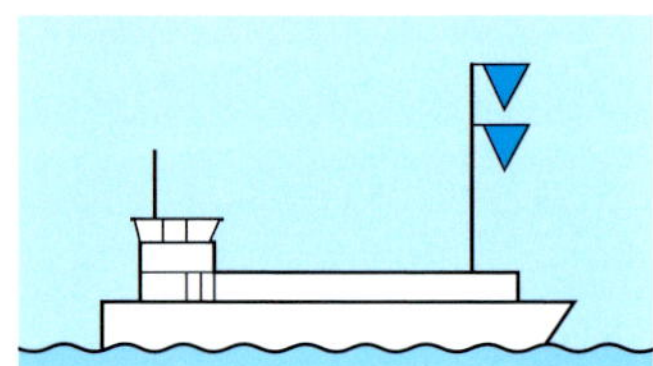	Fahrzeug hat gesundheitsschädliche Stoffe geladen, Abstand beim Stillliegen 50 m.
130 **Was bedeuten auf einem Fahrzeug drei blaue Lichter übereinander?**	Fahrzeug hat explosive Stoffe geladen, Abstand beim Stillliegen 100 m.
131 **Was bedeutet dieses Sichtzeichen?** 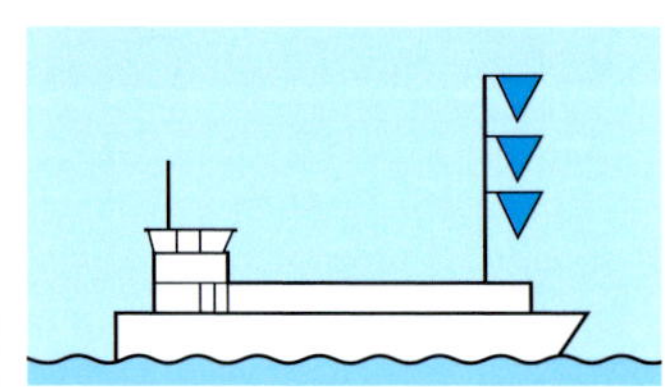	Fahrzeug hat explosive Stoffe geladen, Abstand beim Stillliegen 100 m.

Erläuterungen	Notizen während des Unterrichts
Gesundheitsschädliche Stoffe werden als Ladung mit zwei blauen Lichtern gekennzeichnet, der Liegeabstand ist mit 50 m vorgeschrieben.	
Tagsüber zeigen zwei blaue Dreiecke auf eine gesundheitsschädliche Ladung hin. Ein Abstand von 50 m ist einzuhalten.	
Schiffe mit explosiven Stoffen unterliegen den Vorschriften der höchsten Gefahrenstufe und führen deshalb bei Nacht drei blaue Lichter übereinander.	
Explosive Stoffe als höchste Gefahrenstufe werden durch drei blaue Dreiecke angezeigt. 100 m beträgt der mindestens einzuhaltende Sicherheitsabstand beim Stillliegen.	

Frage	Gültige Antwort
132 **Welches Fahrzeug führt die nachstehende Tagbezeichnung?** 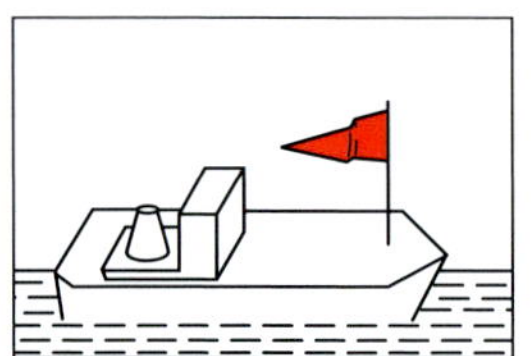	Ein Fahrzeug, dem die zuständige Behörde einen Vorrang zur Durchfahrt durch Stellen, an denen eine bestimmte Reihenfolge gilt, eingeräumt hat.
133 **Ein Kleinfahrzeug unter Segel fährt nachts auf einer Binnenschifffahrtsstraße und führt ein weißes Rundumlicht im Topp. Wie wird zweckmäßigerweise die weiße Handlampe, die bei Annäherung anderer Fahrzeuge gezeigt werden muss, benutzt?**	Die eigenen Segel anleuchten.
134 **Ein Kleinfahrzeug unter Segel fährt nachts auf einer Binnenschifffahrtsstraße und führt ein weißes Rundumlicht im Topp. Welche zusätzlichen Lichter müssen gesetzt werden, wenn der Motor angeworfen wird?**	Seitenlichter unmittelbar nebeneinander oder in einer einzigen Laterne.
135 **Welche Lichter muss ein Kleinfahrzeug unter Motor führen, wenn es ein anderes Kleinfahrzeug ohne Maschinenantrieb schleppt?**	Lichter eines Kleinfahrzeugs mit Maschinenantrieb.
136 **Welche Lichter muss ein geschlepptes Kleinfahrzeug führen?**	Weißes Rundumlicht.

Erläuterungen	Notizen während des Unterrichts
Ein roter Wimpel am Bug bedeutet so viel wie ein Vorfahrtsrecht. Zumeist zeigt die Personenschifffahrt diesen Wimpel, da sie kurzfristige Termine einhalten muss. Der rote Wimpel berechtigt dazu, an wartenden Fahrzeugen vorbei zuerst in die Schleuse einzufahren.	
Durch das Anleuchten des weißen Segels wird das Kleinfahrzeug in der Dunkelheit wesentlich besser wahrgenommen.	
Wer nachts segelt und zusätzlich unter Motorantrieb fährt, zeigt die Seitenlichter rot/grün nebeneinander oder in einer einzigen Laterne. Der Segler muss sich wie ein Motorboot verhalten.	
Schleppende Kleinfahrzeuge führen die Lichter wie Fahrzeuge mit Maschinenantrieb.	
Ein geschlepptes Kleinfahrzeug führt ein weißes Rundumlicht, damit erkennbar ist, dass es mit dem vorausfahrenden Motorschiff verbunden ist.	

Frage	Gültige Antwort
137 **Wann gilt ein Sportboot auf den Binnenschifffahrtsstraßen nicht mehr als Kleinfahrzeug?**	Wenn es 20 m oder länger ist.
138 **Welchen Sichtwinkel und welche Farben haben die vorgeschriebenen Lichter an Bord?**	Topplicht: weiß 225°, Hecklicht 135° weiß, Seitenlichter: Backbord rot und Steuerbord grün, jeweils 112,5°.
139 **Welches Licht muss ein Kleinfahrzeug ohne Maschinenantrieb mindestens führen?**	Ein von allen Seiten sichtbares weißes Licht.
140 **Wie muss sich ein Segelfahrzeug auf einer Binnenschifffahrtsstraße, welches sich auf Kollisionskurs mit einem Kleinfahrzeug mit Maschinenantrieb befindet, verhalten?**	Es hält Kurs und Geschwindigkeit bei.
141 **Wie muss sich ein Fahrzeug mit Topplicht und Seitenlichtern gegenüber einem Kleinfahrzeug mit Seitenlichtern, welches sich auf Kollisionskurs befindet, verhalten?**	Es hält Kurs und Geschwindigkeit bei.

Erläuterungen	Notizen während des Unterrichts
Die 20-m-Abgrenzung für Kleinfahrzeuge ist unabhängig von der Antriebsart. Sportboote, die länger als 20 m sind, gelten nicht mehr als Kleinfahrzeuge. Der Schiffsführer muss ein höherwertiges Patent haben.	
An dieser Lichterführung, bei der sich Topp- und Hecklichtbereich nicht überschneiden, ist die Fahrtrichtung erkennbar. Wer ein weißes Licht und ein rotes Licht sieht, erkennt die Backbordseite eines Fahrzeugs, welches nach links fährt. Diese Sichtwinkel bedingen natürlich eine festgelegte Position an den Aufbauten oder Masten eines Schiffes, um die vorgegebenen Bedingungen zu erfüllen.	
Das gilt auch für Ruderer, Kanuten und Schlauchboote.	
Segler haben Vorfahrt. Kleinfahrzeuge, die unter Maschine fahren, müssen ausweichen.	
Bei einer Begegnung (Kollisionskurs) behält das Fahrzeug mit Topp- und Seitenlichtern (Segler) seinen Kurs gegenüber dem Kleinfahrzeug bei.	

Frage	Gültige Antwort
142 **Wie muss sich ein Kleinfahrzug mit Maschinenantrieb gegenüber einem Segelsurfer, der auf Kollisionskurs liegt, verhalten?**	Es muss ausweichen.
143 **Wer ist ausweichpflichtig, wenn ein Segler mit Wind von Backbord einer Segelyacht, mit Wind von Steuerbord und einem schwarzen Kegel, auf Kollisionskurs begegnet?**	Die Segelyacht mit Wind von Steuerbord, weil sie als Kleinfahrzeug mit Maschinenantrieb gilt.
144 **Wie lautet eine der drei Grundregeln der Binnenschifffahrtsstraßen-Ordnung, nach denen Kleinfahrzeuge unter Segel einander ausweichen?**	Wenn sie den Wind nicht von derselben Seite haben, muss das Segelfahrzeug mit Wind von Backbord dem Segelfahrzeug mit Wind von Steuerbord ausweichen.
145 **Was bedeuten diese Lichter?** 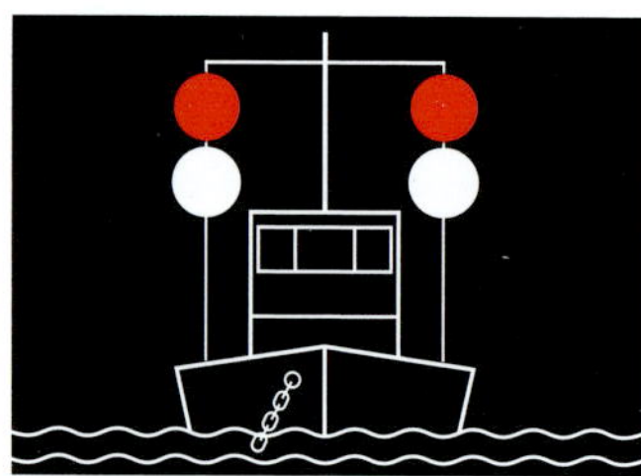	Schwimmendes Gerät bei der Arbeit. Vorbeifahrt an jeder Seite gestattet. Sog und Wellenschlag vermeiden.

Erläuterungen	Notizen während des Unterrichts
Kleinfahrzeuge, die unter Maschine fahren, müssen dem Segelsurfer ausweichen. Üblicherweise müssen sie hinter ihm vorbeifahren.	
Der schwarze Kegel besagt, dass der Segler gleichzeitig mit Maschinenantrieb fährt. Damit gilt das segelnde Fahrzeug als Kleinfahrzeug mit Maschinenantrieb und ist folglich ausweichpflichtig.	
Diese Ausweichregeln segelnder Fahrzeuge untereinander werden bestimmt durch die Windrichtung, aus der der Wind auf das Schiff auftrifft, da der Wind maßgebend den Kurs beeinflusst. Festgelegte Regeln wie rechts vor links kann es also nicht geben.	
Diese Lichter führen zumeist Bagger oder Tauchfahrzeuge, die in der Mitte des Flusses arbeiten oder auch auf havarierten Fahrzeugen. Vorbeifahrt an beiden Seiten gefahrenlos.	

Frage	Gültige Antwort
146 **Was bedeuten diese Sichtzeichen?** 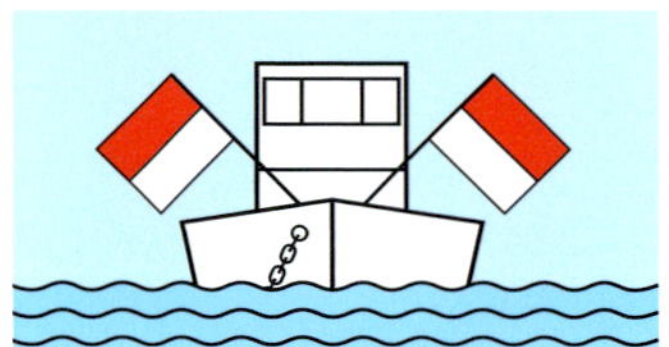	Schwimmendes Gerät bei der Arbeit. Vorbeifahrt an jeder Seite gestattet. Sog und Wellenschlag vermeiden.

147 **Was bedeuten diese Lichter?** 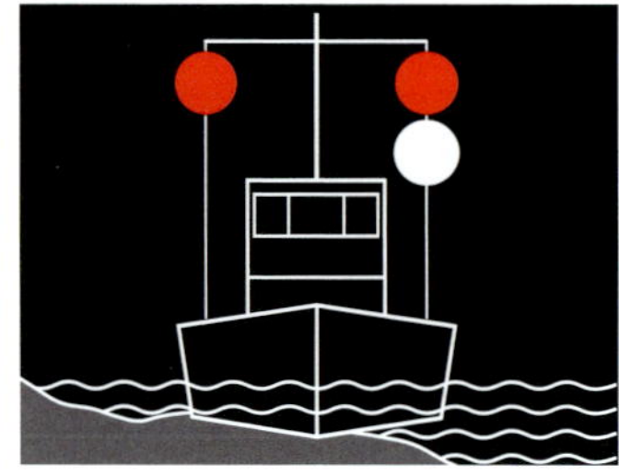	Festgefahrenes oder gesunkenes Fahrzeug. Vorbeifahrt an der rot-weißen Seite gestattet; rote Seite gesperrt. Sog und Wellenschlag vermeiden.

148 **Was bedeuten diese Sichtzeichen?** 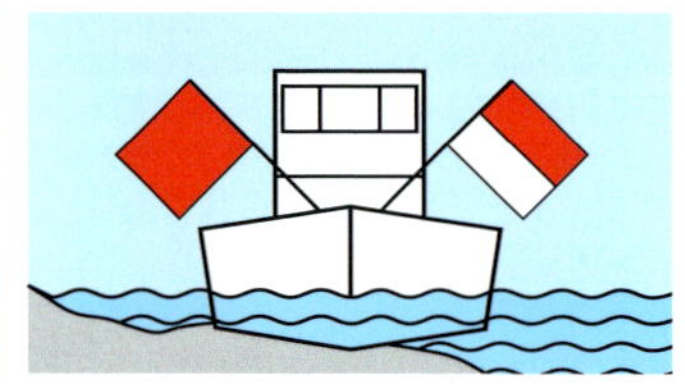	Festgefahrenes oder gesunkenes Fahrzeug. Vorbeifahrt an der rot-weißen Seite gestattet; rote Seite gesperrt. Sog und Wellenschlag vermeiden.

Erläuterungen	Notizen während des Unterrichts
Diese Tagbezeichnung auf schwimmenden Geräten bedeutet vermehrten Querverkehr. Auf Personen achten, die von dort eventuell Winkzeichen geben.	
An der gesperrten Seite auf keinen Fall vorbeifahren, denn dort befinden sich Haltetrossen und Versorgungsleitungen der Arbeitsgeräte/Bagger. Die Lichter können, auf einem Boot/Floß gezeigt, auch auf Unterwasserarbeiten an Brücken hindeuten.	
Größtmöglicher Abstand ist einzuhalten, um an- und ablegenden Fahrzeugen Platz zu lassen (Kiesschuten, Personentransport, Schlepper). Auch Taucher im Einsatz möglich.	

Frage	Gültige Antwort
149 **Was bedeuten diese Lichter?** 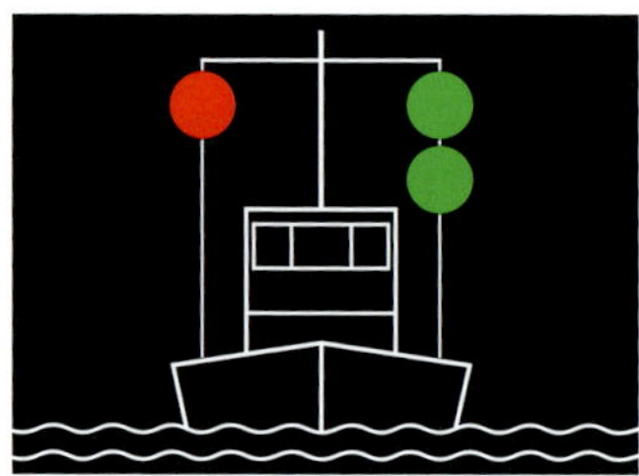	Schwimmendes Gerät bei der Arbeit. Vorbeifahrt an der grünen Seite gestattet; rote Seite gesperrt.
150 **Was bedeuten diese Sichtzeichen?** 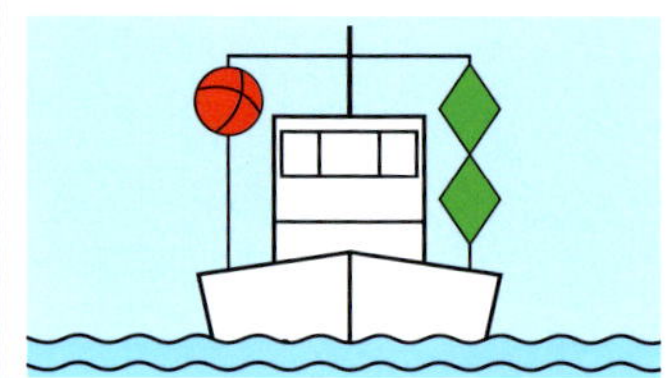	Schwimmendes Gerät bei der Arbeit. Vorbeifahrt an der grünen Seite gestattet; rote Seite gesperrt.
151 **Was bedeuten im Fahrwasser nachstehende Zeichen?** 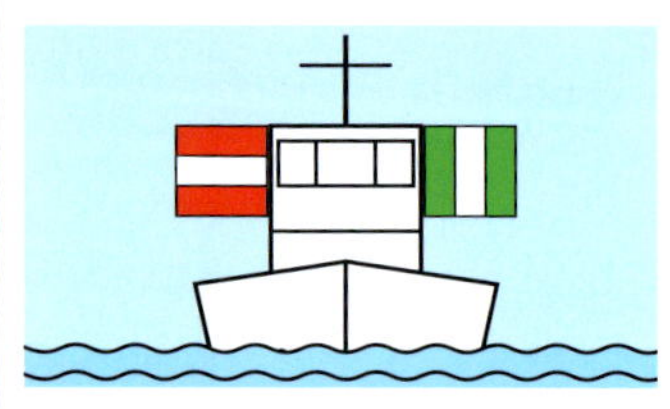	Schwimmendes Gerät bei der Arbeit. Vorbeifahrt an der Seite mit dem grün-weiß-grünen Tafelzeichen gestattet; rot-weiß-rote Seite gesperrt.

Erläuterungen	Notizen während des Unterrichts
Auf keinen Fall zwischen dem roten Licht und dem Ufer hindurchfahren, denn dort ist entweder eine Untiefe oder ein anderes Hindernis, das die Fahrt behindert. Die grüne Seite kann ohne besondere Vorkehrungen passiert werden.	
An der roten Tafel ist die Vorbeifahrt gesperrt. An den grünen Doppelkegeln vorbeifahren.	
Ein schwimmendes Gerät (Bagger/Kran) im Einsatz. Vorbeifahrt an der rot-weiß-roten Tafel nicht erlaubt. Vorbeifahrt nur an der grün-weiß-grünen Tafel zulässig.	

Frage	Gültige Antwort
152 **Was bedeuten diese Lichter?** 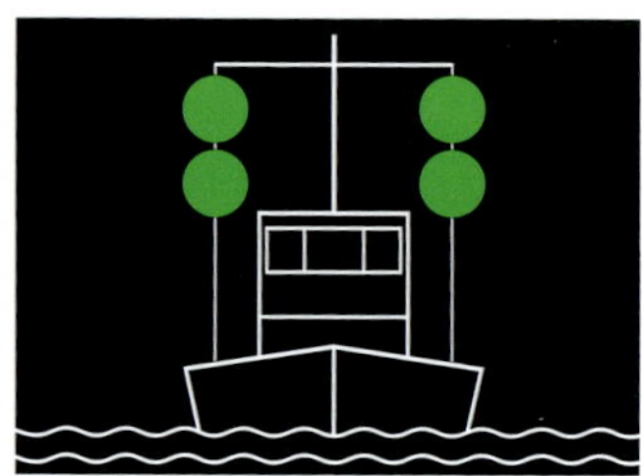	Schwimmendes Gerät bei der Arbeit. Vorbeifahrt an jeder Seite gestattet.
153 **Was bedeuten diese Sichtzeichen?** 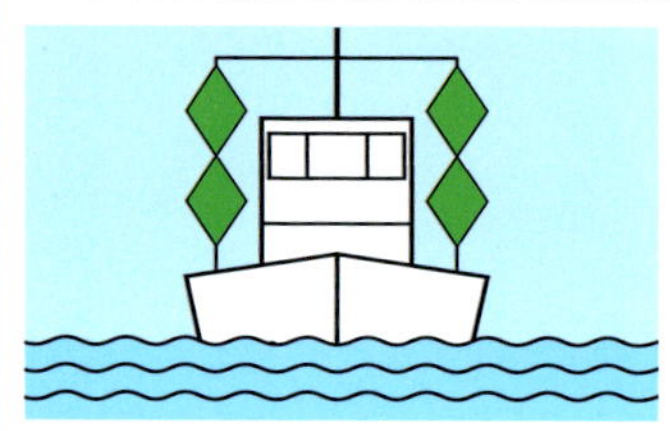	Schwimmendes Gerät bei der Arbeit. Vorbeifahrt an jeder Seite gestattet.
154 **Was bedeuten diese Sichtzeichen?** 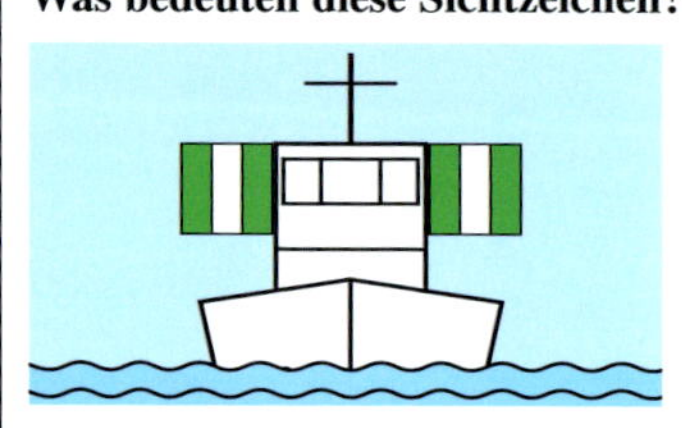	Schwimmendes Gerät bei der Arbeit. Vorbeifahrt an jeder Seite gestattet.

Erläuterungen	Notizen während des Unterrichts
Im Gegensatz zu der Bezeichnung mit roten und weißen Lichtern ist bei diesem Hindernis keine besondere Rücksichtnahme erforderlich. Das Hindernis möglichst weit zu umfahren, wird gleichwohl empfohlen.	
Diese Tagbezeichnung bedeutet, dass hier Arbeiten im Gewässer durchgeführt werden. Hindernde Trossen sind nicht vorhanden, erhöhte Aufmerksamkeit wird jedoch empfohlen.	
Bei dieser Anordnung von Tafeln kann man davon ausgehen, dass für die Vorbeifahrt an jeder Seite ausreichend Wassertiefe vorhanden ist.	

Frage	Gültige Antwort
155 **Was bedeutet diese Tag- und Nacht-bezeichnung?** 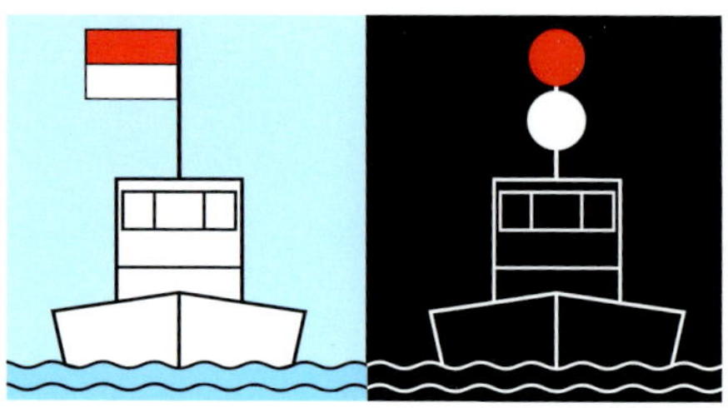	Schutzbedürftiges Fahrzeug, Vorbeifahrt in möglichst weitem Abstand, Geschwindigkeit vermindern, Sog und Wellenschlag vermeiden.
156 **Was bedeutet dieses Tafelzeichen?** 	Gesperrte Wasserfläche, jedoch für Kleinfahrzeuge ohne Antriebsmaschine befahrbar.
157 **Was bedeutet dieses Tafelzeichen?** 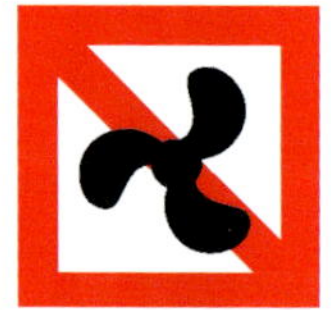	Fahrverbot für Fahrzeuge mit Maschinenantrieb.
158 **Wie ist eine geschützte Badezone gekenn-zeichnet?**	Durch gelbe Tonnen.

Erläuterungen	Notizen während des Unterrichts
Das Fahrzeug hat einen Schaden, der maschineller Art sein kann oder auch den Schiffsrumpf betrifft. Durch Wellenschlag könnte eventuell Wasser in das Schiff gelangen.	
Hier dürfen nur Fahrzeuge ohne Antriebsmaschine einfahren, z.B. Segler, Ruderer oder Kanuten. Zumeist handelt es sich hier um die Sperrung eines Sees, einer Flussmündung oder einer Baggerstelle.	
Hier gilt ein Fahrverbot für alle Fahrzeuge mit Maschinenantrieb. Auch für Jetantrieb oder Luftschraube verboten.	
Durch gelbe Tonnen werden Badezonen rundum begrenzt, um Schwimmer vor Booten zu schützen.	

Frage	Gültige Antwort
159 **Was bedeutet ein langer Ton?**	Achtung!
160 **Was bedeuten vier kurze Töne?**	Fahrzeug ist manövrierunfähig.
161 **Was bedeuten fünf kurze Töne?**	Überholen nicht möglich.
162 **Was bedeutet dieses Schallsignal (▬ ●)?**	Wenden über Steuerbord.
163 **Was bedeutet dieses Schallsignal (▬ ● ●)?**	Wenden über Backbord.

Erläuterungen	Notizen während des Unterrichts
Die Länge eines Tones ermittelt man durch das übliche »Mitzählen«, das heißt Aufsagen der Zahlenwörter einundzwanzig – zweiundzwanzig – dreiundzwanzig usw.	
Manövrierunfähig heißt Maschinenausfall oder Ruderschaden.	
Wer überholen will, muss auf dieses Signal des zu Überholenden achten. Dahinter bleiben. Mit fünf kurzen Tönen zeigt der Vorausfahrende an, dass er wegen des Gegenverkehrs oder einer Engstelle oder eines besonderen Manövers nicht überholt werden kann.	
Das Wenden über Steuerbord bedeutet, dass das Fahrzeug nach rechts dreht und dort eine Vorbeifahrt gefährlich werden kann.	
Wer dieses Zeichen abgibt, wendet über seine linke Seite (Backbord) und behindert die Fahrzeuge, die an dieser Seite überholen oder passieren wollen. Wendemanöver bedeuten in einem Fluss auch stets ein Quertreiben zu Tal.	

Frage	Gültige Antwort
164 **Was bedeutet dieses Schallsignal (▬ ▬ ●)?**	Überholen an der Steuerbordseite des Vorausfahrenden.
165 **Was bedeutet dieses Schallsignal (▬ ▬ ● ●)?**	Überholen an der Backbordseite des Vorausfahrenden.
166 **Was bedeutet dieses Schallsignal (▬ ▬ ▬ ●)?**	Hafen oder Nebenwasserstraße; Ein- oder Ausfahrt mit Kursänderung nach Steuerbord.
167 **Was bedeutet dieses Schallsignal (▬ ▬ ▬ ● ●)?**	Hafen oder Nebenwasserstraße; Ein- oder Ausfahrt mit Kursänderung nach Backbord.
168 **Was ist eine Folge sehr kurzer Töne?**	Eine Folge von mindestens 6 Tönen, von je etwa einer viertel Sekunde Dauer und mit je einer viertel Sekunde Pause.
169 **Was bedeutet eine Folge sehr kurzer Töne?**	Gefahr eines Zusammenstoßes.

Erläuterungen	Notizen während des Unterrichts
Der Überholende gibt dieses Zeichen, wenn er den Vorausfahrenden an dessen Steuerbordseite überholen will.	
Der Überholende gibt dieses Zeichen, wenn er den Vorausfahrenden an dessen Backbordseite überholen will.	
Wer in eine Hauptwasserstraße einbiegt, muss den dort durchfahrenden Schiffen seinen Kurs mitteilen. Das gilt auch für Schiffe, die die Hauptwasserstraße verlassen.	
Die Kursänderung in Richtung einer anderen Wasserstraße oder einen Hafen muss immer der übrigen Schifffahrt signalisiert werden.	
Der Begriff »eine Folge von kurzen Tönen« bezeichnet das mindestens 6-malige kurze schnelle Antippen der Hupe.	
Kurze Töne sind das Zeichen für einen höchsten Gefahrenmoment.	

Frage	Gültige Antwort
170 **Welche Schallsignale bzw. Zeichen sind zu geben, wenn das Boot manövrierunfähig geworden ist?**	Vier kurze Töne. Bei Tag eine rote Flagge, bei Nacht ein rotes Licht im unteren Halbkreis schwenken.
171 **Ein Fahrzeug zeigt an der Steuerbordseite seines Ruderhauses eine blaue Tafel mit weißem Funkellicht. Welche Bedeutung hat dieses Zeichen?**	Fahrzeuge begegnen sich an Steuerbord. Dieses Zeichen gilt nicht für Kleinfahrzeuge, verpflichtet aber zu erhöhter Aufmerksamkeit.
172 **Ein Sportfahrzeug fährt hinter einem Fahrzeug, das nicht Kleinfahrzeug ist, in den Schleusenvorhafen ein. Aus der Schleusenkammer kommt ein Fahrzeug, das an Steuerbord eine blaue Tafel mit einem weißen Funkellicht zeigt. Was bedeutet dieses Zeichen?**	Das aus- und die einfahrenden Fahrzeuge passieren sich an der Steuerbordseite, das Kleinfahrzeug ist nur zu erhöhter Aufmerksamkeit verpflichtet.
173 **Wo kann man von bestehenden Höchstgeschwindigkeiten auf den Binnenschifffahrtsstraßen Kenntnis erhalten?**	In der Binnenschifffahrtsstraßen-Ordnung, bei der Wasserstraßen- und Schifffahrtsverwaltung und der Wasserschutzpolizei.
174 **Wie ist ein Überholmanöver durchzuführen?**	Zügig überholen. Beteiligte Fahrzeuge nicht behindern. Verkehrslage und eventuelle Schallzeichen beachten. Ausreichend Abstand halten.
175 **Wann besteht die Gefahr eines Zusammenstoßes?**	Wenn sich zwei Fahrzeuge bei gleichbleibender Peilung einander nähern.

Erläuterungen	Notizen während des Unterrichts
Bei Manövrierunfähigkeit muss eine rote Flagge/rotes Licht in Richtung anderer Schiffe im unteren Halbkreis geschwenkt werden. Nicht im Kreis herumschwenken.	
Diese Tafel zeigt in der Berufsschifffahrt bei einer Begegnung, dass man nicht nach Steuerbord ausweicht, sondern Steuerbord an Steuerbord passiert. Erhöht wird die Aufmerksamkeit durch ein zusätzliches weißes Blinklicht. Achtung beim Überholen.	
Im Schleusenbereich ist die Großschifffahrt wegen des verengten Fahrwassers oft gezwungen, nach links auszuweichen, das heißt, sie passieren an Steuerbord. Sie zeigen dann der Steuerbordseite eine blaue Tafel mit weißem Funkellicht. Erhöhte Aufmerksamkeit ist geboten.	
Diese auf bestimmten Strecken bestehenden Geschwindigkeitsbeschränkungen kennen auch alle Hafenmeister der entsprechenden Reviere.	
Mit möglichst großem Abstand und hoher Fahrstufe vorbeifahren.	
Wenn zwei Fahrzeuge aufeinander zufahren und ihre Fahrtrichtung nicht ändern.	

Frage	Gültige Antwort
176 **Wie müssen Ausweichmanöver durchgeführt werden?**	Rechtzeitig, klar erkennbar und entschlossen.
177 **Ein Kleinfahrzeug und ein Fahrzeug über 20 m Länge nähern sich auf kreuzenden Kursen. Es besteht die Gefahr eines Zusammenstoßes. Wer ist ausweichpflichtig?**	Ausweichpflichtig ist das Kleinfahrzeug.
178 **Welche Fahrzeuge in Fahrt führen nachts nur ein weißes Rundumlicht?**	Geschleppte oder längsseits gekuppelte Kleinfahrzeuge.
179 **Wie muss sich ein kreuzendes Kleinfahrzeug unter Segel am Wind in der Nähe eines Ufers gegenüber einem anderen Kleinfahrzeug verhalten?**	Es darf ein anderes Kleinfahrzeug, das sein steuerbordseitiges Ufer anhält, nicht zum Ausweichen zwingen.
180 **Wer ist ausweichpflichtig bzw. wer ist nicht ausweichpflichtig?** 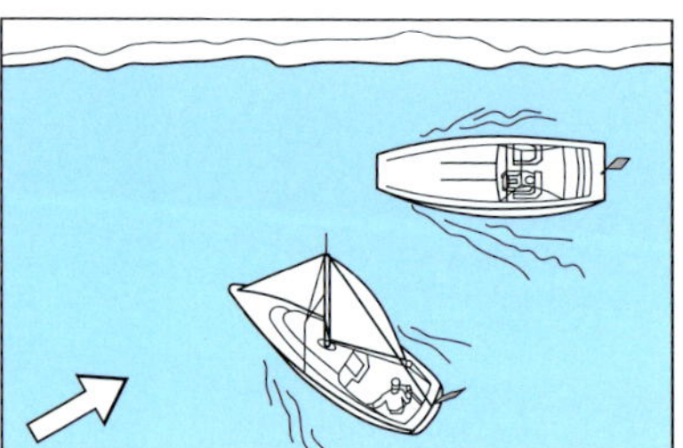	Das Fahrzeug unter Segel ist ausweichpflichtig.

Erläuterungen	Notizen während des Unterrichts
Am wichtigsten ist das frühzeitige Erkennenlassen, welchen Kurs man bei der Begegnung fahren will.	
Fahrzeuge, die nicht Kleinfahrzeuge sind, haben immer das Recht, ihren Kurs beizubehalten (z.B. Frachtschiffe, Fahrgastschiffe, Fischereifahrzeuge).	
Längsseits gekuppelte Fahrzeuge heißt, dass sie nebeneinander fahren und miteinander verbunden sind.	
Ein segelndes Fahrzeug darf ein anderes Kleinfahrzeug nicht zum Ausweichen zwingen, wenn dieses an Steuerbord das Ufer hat, also an seiner rechten Seite längs des Ufers fährt. Der Segler darf das andere Fahrzeug nicht zwingen, in seichte Gewässer auszuweichen.	
Das segelnde Fahrzeug ist ausweichpflichtig, denn das andere Fahrzeug hat keinen Platz zwischen sich und dem Ufer. Segelboote, die am Wind in Ufernähe segeln, dürfen andere Fahrzeuge nicht zum Ausweichen zwingen, wenn diese längs dieses Ufers fahren.	

Frage	Gültige Antwort
181 **Was hat der Schiffsführer eines Kleinfahrzeugs beim Begegnen mit Fahrzeugen, die nicht Kleinfahrzeuge sind, zu beachten?**	Kleinfahrzeuge sind gegenüber Fahrzeugen, die nicht Kleinfahrzeuge sind, ausweichpflichtig. Sie müssen für deren Kurs und zum Manövrieren notwendigen Raum lassen.
182 **Von Backbord kommend kreuzt ein Fahrzeug unter Segel mit einem schwarzen Kegel, Spitze nach unten, den Kurs eines Fahrzeuges mit Maschinenantrieb. Wer ist ausweichpflichtig?**	Das Fahrzeug unter Segel mit einem schwarzen Kegel ist ausweichpflichtig.
183 **Zwei Kleinfahrzeuge unter Segel A und B liegen auf Kollisionskurs; A führt einen schwarzen Kegel. Wer ist ausweichpflichtig?** 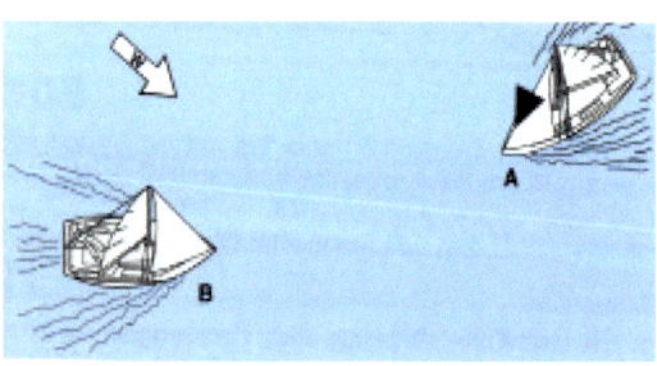 	Fahrzeug A ist ausweichpflichtig.
184 **Ein Fahrzeug unter Segel kreuzt eine Binnenschifffahrtsstraße. In der Fahrwassermitte kommt ihm ein Kleinfahrzeug mit Maschinenantrieb zu Berg entgegen. Wer ist ausweichpflichtig?**	Fahrzeug mit Maschinenantrieb.

Erläuterungen	Notizen während des Unterrichts
Nicht Kleinfahrzeuge sind Tanker, Frachtschiffe, Baufahrzeuge usw., aber auch große Yachten über 20 m, unabhängig von ihrer Antriebsart. Sie dürfen in ihrer Fahrt nicht behindert werden.	
Das Segelboot gilt als Motorboot, da es einen schwarzen Kegel (Spitze nach unten) führt. Es ist ausweichpflichtig, weil es das Motorboot von Steuerbord/rechts kommen sieht. Wie auf der Straße, wer von rechts kommt, hat Vorfahrt.	
Das Fahrzeug unter Segel mit einem schwarzen Kegel (A) gilt als Motorboot. Es muss dem Boot, welches nur unter Segel fährt (B), ausweichen. 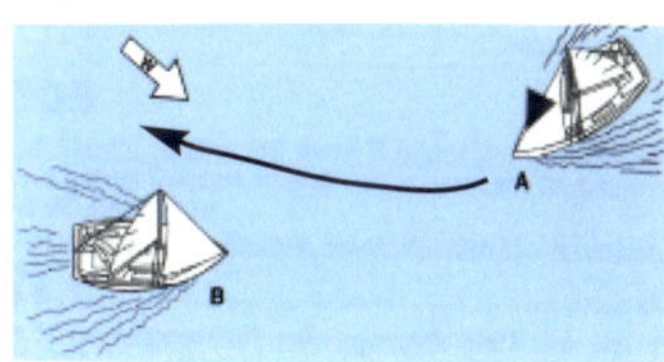	
Ein Motorfahrzeug, welches zu Berg fährt, muss einem Segler, der die Schifffahrtsstraße kreuzt, ausweichen. Es muss das segelnde Fahrzeug am Heck umfahren.	

Frage | Gültige Antwort

185

Zwei Kleinfahrzeuge A und B unter Segel liegen auf Kollisionskurs (Skizze). Wer ist ausweichpflichtig?

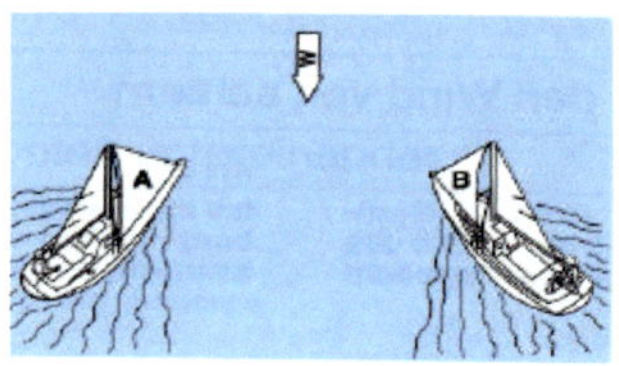

A ist ausweichpflichtig. Segelfahrzeuge mit Wind von Backbord müssen Segelfahrzeugen mit Wind von Steuerbord ausweichen.

186

Zwei Kleinfahrzeuge unter Segel liegen auf Kollisionskurs. Wer ist ausweichpflichtig?

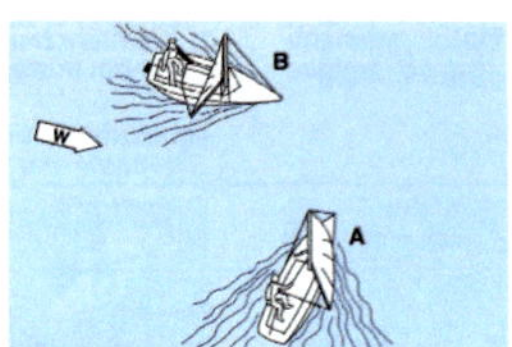

B ist ausweichpflichtig. Das luvseitige Boot muss dem leeseitigen ausweichen.

187

Ein Kleinfahrzeug A segelt nachts auf Vorwindkurs stromab, Großsegel an Steuerbord. Backbord querab kommt ein grünes Seitenlicht eines Bootes B immer näher, das kein Topplicht führt. Wer ist ausweichpflichtig?

Das Kleinfahrzeug A ist ausweichpflichtig. Ein Boot mit Wind von Backbord muss ausweichen, wenn es nicht klar ausmachen kann, ob das luvseitige Boot den Wind von Steuerbord hat.

Erläuterungen	Notizen während des Unterrichts
Segelnde Fahrzeuge, die den Wind von links (Backbord) bekommen, müssen Fahrzeugen ausweichen, die mit Wind von Steuerbord fahren. Die zugrunde liegende Regel kürzen Segler oft mit der Formel »Backbordbug vor Steuerbordbug« ab.	
Das luvseitige Boot, es bekommt den Wind von links, muss dem Boot, welches es an seiner Leeseite, also rechts, sieht, ausweichen. Segler kürzen diese Regel oft mit der Formel »Lee vor Luv« ab (das leewärtige Boot muss nicht ausweichen).	
Vorwindkurs mit Großsegel nach Steuerbord heißt: Der Segler hat den Wind von hinten (achtern) und sein Segel steht nach rechts (Steuerbord). An einem backbordseitig kommenden Boot mit nur einem grünen Licht ist nicht erkennbar, ob dieses luvseitige Boot den Wind von Steuerbord hat. Das Boot A muss ausweichen.	

Frage	Gültige Antwort
188 **Der seitliche Abstand zwischen den Booten A, B und C verringert sich ständig. Welches Boot kann seinen Kurs beibehalten?** 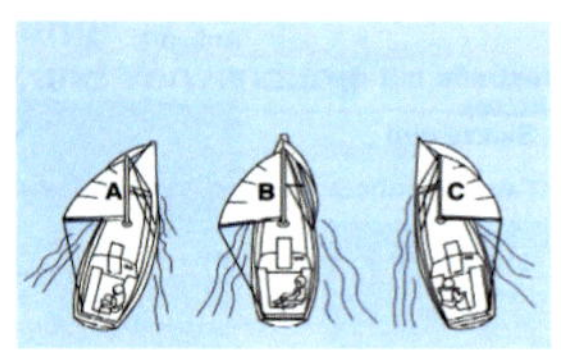 	Boot A, weil leeseitig.
189 **Wer ist wem gegenüber kurshaltepflichtig?** 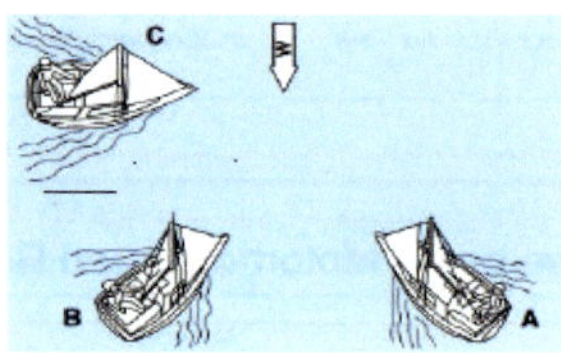 	A gegenüber B und C, B gegenüber C.
190 **Was ist vorrangig zu beachten, wenn eine Jolle gekentert ist und sie nicht wieder aufgerichtet werden kann?**	Vollständigkeit der Crew überprüfen, gegebenenfalls Hilfe leisten. Am Boot festhalten oder ggf. aufs Boot legen, Hilfe abwarten.
191 **Ein Segelboot gerät in das Feld einer Segelregatta, ohne selbst Teilnehmer zu sein. Welche Ausweichregeln sind zu beachten?**	Die der Binnenschifffahrtsstraßen-Ordnung.

Erläuterungen	Notizen während des Unterrichts
A und B können gegenüber C ihren Kurs beibehalten, weil sie den Wind von Steuerbord haben und ihre Segel zur dem Wind abgekehrten Seite stehen. A kann gegenüber B seinen Kurs beibehalten, weil es in Lee von B segelt (leeseitig).	
A ist gegenüber B und C kurshaltepflichtig, weil es den Wind von Steuerbord hat. B ist gegenüber C kurshaltepflichtig, weil B in Lee von C segelt.	
Feststellen, ob die ganze Crew schwimmt. Hilfe leisten und auf weitere Hilfe warten. Niemals das Boot verlassen.	
Wer als nichtteilnehmender Segler in eine Segelregatta gerät, muss sich an die Ausweichregeln der Binnenschifffahrtsstraßen-Ordnung halten.	

Frage	Gültige Antwort
192 **Ein Kleinfahrzeug unter Segel kreuzt nachts das Fahrwasser. An Backbord tauchen die nachstehenden Lichter eines Fahrzeugs auf, das in spitzem Winkel den Kurs des Kleinfahrzeugs unter Segel kreuzen will. Was bedeuten diese Lichter?** 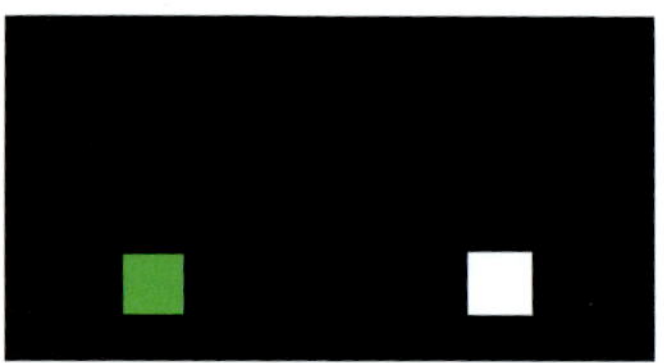	Kleinfahrzeug mit Maschinenantrieb.

193 **Ein Kleinfahrzeug unter Segel kreuzt nachts das Fahrwasser. An Backbord tauchen die nachstehenden Lichter eines Fahrzeugs auf, das in spitzem Winkel den Kurs des Kleinfahrzeugs unter Segel kreuzen will. Wer ist ausweichpflichtig?** 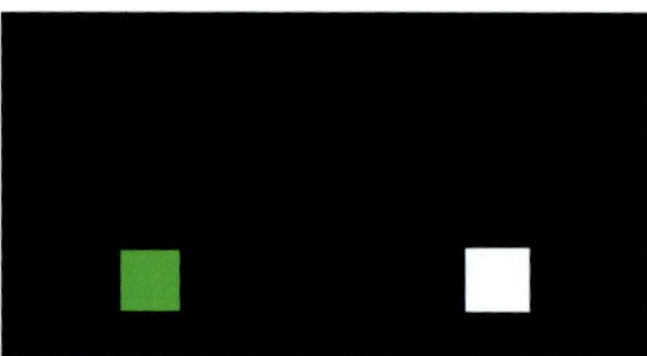	Kleinfahrzeug mit Maschinenantrieb.

194 **Ein Kleinfahrzeug unter Segel und mit Maschinenantrieb kreuzt nachts stromauf. Ein Fahrzeug kommt entgegen, das nur ein weißes Licht führt. Was bedeutet dieses Licht?**	Kleinfahrzeug ohne Maschinenantrieb.

Erläuterungen	Notizen während des Unterrichts
Ein Kleinfahrzeug nähert sich unter Maschine laufend, backbordseitig, schräg von vorn.	
Das segelnde Fahrzeug kann seinen Kurs beibehalten. Das Motorboot oder ein unter Motor fahrender Segler muss ausweichen.	
Ein einzelnes weißes Licht bezeichnet ein motorloses Fahrzeug (Paddelboot, Ruderer, Segelboot ohne gesetzte Segel, Angelkahn usw.).	

Frage	Gültige Antwort

195

Ein Kleinfahrzeug unter Segel kreuzt nachts im Fahrwasser. Von achtern kommt ein Fahrzeug auf, das eine Zweifarbenlaterne und ein Topplicht führt. Was bedeuten diese Lichter?	Kleinfahrzeug mit Maschinenantrieb.

196

Was bedeuten nachts auf einer Binnenschifffahrtsstraße die nachstehenden Lichter? 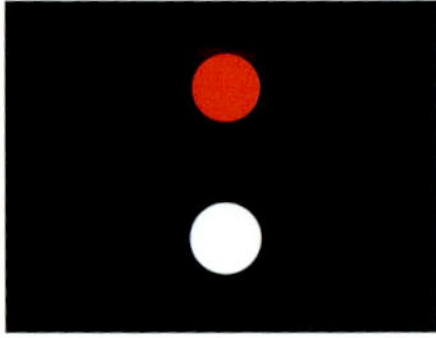	Sog und Wellenschlag vermeiden.

197

Wo ist die Geschwindigkeit zu vermindern, um Sog und Wellenschlag zu vermeiden?	Vor Hafenmündungen, an Lade-, Lösch- und Liegeplätzen, in der Nähe nicht frei fahrender Fähren, auf gekennzeichneten Strecken, in der Nähe schwimmender Geräte bei der Arbeit.

198

Was bedeutet dieses Tafelzeichen? 	Vorgeschriebene Fahrtrichtung.

Erläuterungen	Notizen während des Unterrichts
Ein Kleinfahrzeug, welches mit Maschine fährt, kommt von hinten (achtern).	
Jeder Fahrzeugführer muss besonders auf seine weit hinter ihm auslaufende Heckwelle achten. Erst beim Auftreffen auf das Ufer entstehen die Schäden an Stegen, Böschungen oder stillliegenden Booten.	
Die Vermeidung von Sog und Wellenschlag muss nicht besonders durch Tafeln angezeigt werden, wenn es sich um einen der hier aufgelisteten Orte handelt.	
Oft findet man diese Tafel vor Inseln, bei denen nicht auf Anhieb erkennbar ist, wie sie zu umfahren sind, oder an der Einfahrt in einen Schleusenkanal.	

Frage	Gültige Antwort
199 **Welche Bedeutung hat das nachstehende Tafelzeichen, wenn das rote Licht leuchtet?** 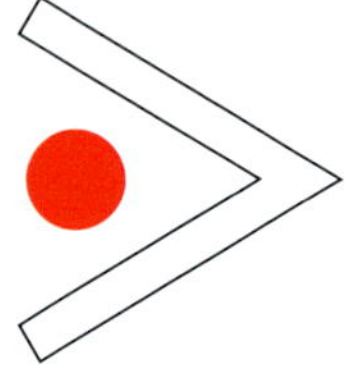	Verbot der Einfahrt in einen Hafen oder eine Nebenwasserstraße.
200 **Was bedeutet dieses Tafelzeichen?** 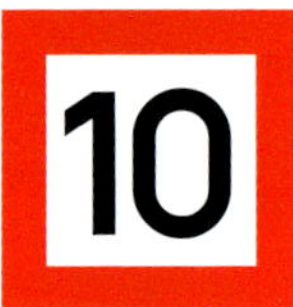	10 km/h Höchstgeschwindigkeit gegenüber dem Ufer.
201 **Was bedeutet dieses Tafelzeichen?** 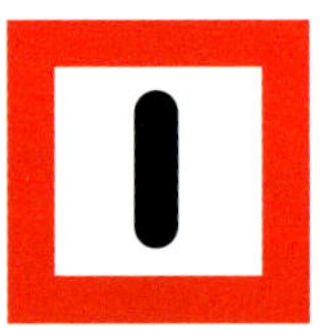	Gebot: Besondere Vorsicht walten lassen.
202 **Was bedeutet dieses Tafelzeichen?** 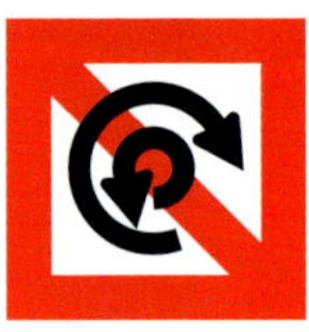	Wendeverbot.

Erläuterungen	Notizen während des Unterrichts
Hier dürfen nur Fahrzeuge mit einer besonderen Genehmigung einfahren. Oft ist dieses Verbotszeichen an der Einfahrt zu einem Ölhafen angebracht.	
Die Höchstgeschwindigkeit von 10 km/h gegenüber dem Ufer gilt für alle Fahrzeuge auf einem bestimmten Streckenabschnitt.	
Dieses Gebotszeichen erfordert erhöhte Aufmerksamkeit. Es bedeutet Achtung auf besondere Umstände, die sowohl die Strecke als auch den Verkehr betreffen können.	
Wenden bedeutet eine Behinderung der durchgehenden Schifffahrt und wird deshalb an gefährlichen Stellen untersagt.	

Frage	Gültige Antwort
203 **Was bedeutet dieses Tafelzeichen?** 	Empfohlener Wendeplatz. Stillliegen für alle Fahrzeuge verboten.

204 **Was bedeutet dieses Tafelzeichen?** 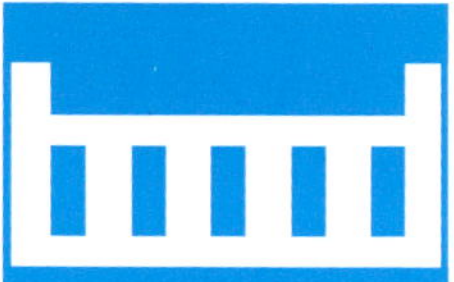	Wehr.

205 **Welche Sichtbeeinträchtigungen führen zu unsichtigem Wetter?**	Nebel, Schneefall, starker Regen.

206 **Wie muss ein Fahrzeug ausgerüstet sein, um bei unsichtigem Wetter zu fahren?**	Mit einer für die Binnenschifffahrt zugelassenen funktionsfähigen Radaranlage und einer Sprechfunkanlage für den Binnenschifffahrtsfunk.

Erläuterungen	Notizen während des Unterrichts

Zum Wenden hat man Ausbuchtungen geschaffen, da die Kanalbreite zum angegebenen Zweck nicht ausreicht. Dieser Manövrierbereich muss stets freigehalten werden.

Auf dieser Strecke ist eine Weiterfahrt nicht möglich. Zusätzliche Tafelzeichen wie der Richtungspfeil weisen dann den Weg zur Schleuse.

Neben diesen durch die Natur verursachten Beeinträchtigungen gibt es starke Dunstentwicklungen in der Nähe von Kühltürmen oder Einleitungen von Kühlwasser durch Kraftwerke.

Die Weiterfahrt bei unsichtigem Wetter ist nur mit Radareinrichtung und Funksprechanlagen erlaubt. Wer diese zulassungspflichtigen Geräte bedient, muss im Besitz des entsprechenden Patentes/Zeugnisses sein.

Frage	Gültige Antwort
207 **Was ist zu beachten, wenn während der Fahrt unsichtiges Wetter eintritt?**	Auf bestimmten Wasserstraßen ist ohne Radar und Sprechfunk die Fahrt unverzüglich einzustellen.
208 **Welchen Vorteil bietet ein Radarreflektor auf einem Sportboot?**	Bessere Erkennbarkeit des Sportbootes auf Radarbildschirmen.
209 **Welche technische Einrichtung gegen einen Stromschlag muss in der Landstromversorgung unbedingt installiert sein?**	Ein Fehlerstromschutzschalter.
210 **Welches Schallsignal ist zu geben, wenn in einer Notsituation Hilfe gebraucht wird?**	Wiederholte lange Töne geben oder Gruppen von Glockenschlägen.
211 **Welche Bedeutung hat am Tag das Kreisen einer roten Flagge auf einem Wasserfahrzeug?**	Ein in Not befindliches Fahrzeug, das durch Sichtzeichen Hilfe herbeirufen will.
212 **Welche Notsignale kann ein Segelsurfer auf Binnenschifffahrtsstraßen geben?**	Kreisförmiges Schwenken der Arme oder eines Gegenstandes.

Erläuterungen	Notizen während des Unterrichts
Außerdem sind bei aufkommender unsichtiger Wetterlage sofort alle Lichter wie bei Nacht zu führen. Der nächste Hafen ist mit den Sichtverhältnissen angepasster Geschwindigkeit anzusteuern.	
Boote mit einem Radarreflektor werden auf den Bildschirmen anderer Verkehrsteilnehmer besser erkannt. Er dient damit der eigenen Sicherheit.	
Fehlerstromschutzschalter unterbrechen automatisch eine Stromleitung, wenn ein Kurzschluss verursacht wurde. Diese Sicherheitseinrichtung wird auch FI-Schalter genannt.	
Huptöne oder Glockenschläge müssen in Notsituationen ständig wiederholt werden, damit andere Verkehrsteilnehmer die Hilferufe zuordnen können.	
Mit dem Kreisen einer roten Flagge durch ein Crewmitglied an höchstmöglicher Stelle des Bootes werden am Tag in Sicht befindliche Schiffe um Hilfe gebeten.	
Das Schwenken der Arme im Kreis (möglichst mit dem Hemd in der Hand zur besseren Wahrnehmung) ist als Notsignal geeignet.	

Frage	Gültige Antwort
213 **Was ist mit Abfällen jeglicher Art zu tun, die an Bord anfallen?**	An Bord sammeln und an Land in den entsprechenden Abfallsammelbehältern umweltgerecht entsorgen.
214 **Wem darf der Schiffsführer das Ruder eines motorisierten Sportbootes überlassen?**	Einer Person, die mindestens 16 Jahre alt sowie körperlich und geistig geeignet ist.
215 **Wie müssen Abfälle entsorgt werden?**	Es dürfen keinerlei Abfälle ins Wasser gelangen, Fäkalien und Öle sind an Land zu entsorgen.
216 **Was ist beim Neuanstrich des Unterwasserschiffs und bei der Entfernung des alten Anstrichs zu beachten?**	Der Arbeitsbereich ist großzügig abzudecken und der anfallende Abfall ist als Sondermüll zu behandeln und entsprechend zu entsorgen.
217 **Was ist bei Sturmwarnung vom Schiffsführer eines Sportbootes unter Segel auf einem größeren Gewässer zu veranlassen?**	Rettungsweste anlegen. Segel bergen, versuchen, einen Hafen oder eine geschützte Bucht anzulaufen.
218 **Welche Fahrrinnenseite hat ein Talfahrer an seiner Backbordseite?**	Die linke Fahrrinnenseite, gekennzeichnet durch grüne Spitztonnen oder Schwimmstangen.

Erläuterungen	Notizen während des Unterrichts
Für Bordabfälle stehen in den Häfen wie auch an Schleusen Mülltonnen bereit.	
Körperliche Behinderungen, die zu Beeinträchtigungen führen könnten, werden durch entsprechende Auflagen im Führerschein vermerkt.	
Abfälle jeglicher Art, insbesondere Fäkalien oder Öl oder ölige Rückstände, die sich im Bootsrumpf (Bilge) angesammelt haben, dürfen nicht in den Fluss/Hafen gepumpt werden.	
Den Boden im Arbeitsbereich abdecken heißt, Schleifstaub und sonstige Farbreste aufzufangen. Diese Abfälle sind als Sondermüll zu behandeln. Nur in entsprechenden Behältern entsorgen.	
Bei zu erwartendem Sturm durch Wettervorhersagen oder z.B. Sturmwarnlichter rund um den Bodensee Rettungswesten anlegen und nächsten Hafen oder Bucht anlaufen.	
Bei Talfahrt liegen die grünen spitzen Tonnen oder Stangen an der Backbordseite des Fahrzeugs.	

Frage	Gültige Antwort
219 **Mit welcher Wetterentwicklung ist bei schnellem und stetig fallendem Luftdruck zu rechnen?**	Schlechtes Wetter, Starkwind oder Sturm.
220 **Welches Wetter ist zu erwarten, wenn der Luftdruck langsam, aber stetig steigt?**	Besseres Wetter, Sonne.
221 **Wo darf auf Binnenschifffahrtsstraßen Wasserski gelaufen werden?**	Nur in durch Tafelzeichen freigegebenen Bereichen.
222 **Zu welcher Tageszeit und bei welchen Sichtweiten darf auf den erlaubten Gewässerabschnitten Wasserski gelaufen werden?**	Sonnenaufgang bis -untergang, Sicht 1000 m und mehr.
223 **Wie muss sich der Wasserskiläufer bei der Vorbeifahrt an Fahrzeugen, Schwimmkörpern oder Badenden verhalten?**	Er muss im Kielwasser des Zugbootes bleiben.
224 **Unter welchen Voraussetzungen darf außerhalb der ausgewiesenen Strecken/ Wasserflächen Wassermotorrad gefahren werden?**	Bei Touren- und Wanderfahrten mit klarem Geradeauskurs.

Erläuterungen	Notizen während des Unterrichts
Wenn der Luftdruck am Barometer ständig und schnell fällt, ist mit schlechter werdendem Wetter, Wind und Sturm zu rechnen.	
Wenn das Barometer stetig langsam steigt, bessert sich das Wetter und Sonne ist zu erwarten.	
Wasserskilaufen ist nur auf Strecken erlaubt, an den Tafeln mit einem Wasserskiläufer den Gewässerabschnitt freigegeben. Ebenfalls ist Streckenlänge und Richtung vorgegeben.	
Es ist einleuchtend, dass bei verminderter Sicht bzw. bei Dunkelheit allein schon die Schleppleine nicht mehr auszumachen ist und – neben anderem – eine Gefahr darstellt.	
Er muss im Kielwasser hinter dem Zugboot bleiben und darf nicht seitlich ausschwingen.	
Der Wassermotorradfahrer muss sich so verhalten wie der Schiffsführer eines Kleinfahrzeugs.	

Frage	Gültige Antwort
225 **Wie hat sich der Führer eines Wassermotorrades außerhalb der ausgewiesenen Strecken/Wasserflächen zu verhalten?**	Klaren Geradeauskurs fahren.
226 **Auf welchen Gewässern ist die Fahrerlaubnis für Sportboote unter Segeln erforderlich?**	Auf bestimmten Wasserstraßen in Berlin und Brandenburg.
227 **Weshalb muss sich der Schiffsführer vor dem Befahren fremder Gewässer über die dort geltenden Vorschriften informieren?**	Um die jeweils geltenden Vorschriften einhalten zu können.
228 **Welcher Befähigungsnachweis berechtigt zum Führen eines Sportbootes bis zu einer Länge von 25 m auf dem Rhein?**	Das Sportpatent.
229 **Welcher Befähigungsnachweis berechtigt zum Führen eines Sportbootes mit einer Länge von 20 m bis 25 m auf den Binnenschifffahrtsstraßen außerhalb des Rheins?**	Das Sportschifferzeugnis oder das Sportpatent.
230 **Wo sind umfangreiche Hinweise auf die Binnenschifffahrtsstraßen und deren Grenzen zu finden?**	Im Teil II der Binnenschifffahrtsstraßen-Ordnung.

Erläuterungen	Notizen während des Unterrichts
Der Führer eines Wassermotorrades darf also nicht hin und her fahren, dauernd das Fahrwasser kreuzen oder kreisen.	
Zum Segeln auf einigen Wasserstraßen in Berlin und Brandenburg ist eine Sondergenehmigung erforderlich.	
Er muss die auf fremden Gewässern geltenden unterschiedlichen Vorschriften einhalten, wie zeitliche Fahrverbote, Geschwindigkeitsbeschränkungen, Beschränkungen aufgrund der Wassertiefe usw.	
Der Sportbootführerschein mit dem Geltungsbereich Binnenschifffahrtsstraßen berechtigt zum Befahren des Rheins nur mit Booten bis 15 m Länge. Zum Führen eines längeren Bootes bis 25 m wird das Sportpatent benötigt.	
Der Geltungsbereich dieser Befähigungszeugnisse richtet sich nach den Gewässern, die befahren werden.	
Teil II der BinSchStrO beinhaltet zusätzliche Bestimmungen für einzelne Binnenschifffahrtsstraßen. *Sie können bei den Ausbildungsstätten eingesehen werden.*	

Frage	Gültige Antwort
231 **Was ist bei der Ausübung des Wassersports auf Gewässern außerhalb der Bundeswasserstraßen (z. B. Landeswasserstraßen, kommunale und private Gewässer) zu beachten?**	Es ist gegebenenfalls die Genehmigung des Eigentümers einzuholen sowie die jeweilige Befahrensordnung zu beachten.
232 **Welche Kennzeichnungsarten für Sportboote gibt es?**	Amtliche Kennzeichen und amtliche anerkannte Kennzeichen.
233 **Welche Stelle ist für die Zuteilung eines amtlichen Kennzeichens für Sportboote zuständig?**	Jedes Wasserstraßen- und Schifffahrtsamt.
234 **Woraus bestehen die amtlich anerkannten Kennzeichen?**	Nummer des Internationalen Bootsscheins, gefolgt vom Kennbuchstaben für die ausstellende Organisation.
235 **Welche Stellen sind für die Zuteilung eines amtlich anerkannten Kennzeichens für Sportboote zuständig?**	Der Deutsche Motoryachtverband, der Deutsche Segler-Verband, der Allgemeine Deutsche Automobilclub.

Erläuterungen	Notizen während des Unterrichts
Es kann zu Anzeigen wegen Hausfriedensbruchs oder zu Bußgeldverfahren kommen.	
Es ist dem Eigner freigestellt, sein Boot MARIA, FLIPPER, ALTE LIEBE usw. zu benennen. Die Bootsnamen gehören nicht zur Kennzeichnung.	
Amtliche Kennzeichen werden von jedem Wasserstraßen- und Schifffahrtsamt ausgestellt. Dieses Kennzeichen ist weder an den Wohnort des Eigners noch an den Liegeplatz des Bootes gebunden.	
Das Kennzeichen kann als Schild angeschraubt oder auf den Rumpf aufgemalt sein.	
Die Kürzel der drei Organisationen, die zur Erteilung eines amtlich anerkannten Kennzeichens berechtigt sind: Deutscher Motoryachtverband = M, Deutscher Segler-Verband = S, Allgemeiner Deutscher Automobilclub = A.	

Frage	Gültige Antwort
236 **Wann muss ein Wassersportfahrzeug in das Binnenschiffsregister eingetragen werden?**	Ab 10 cbm Wasserverdrängung.
237 **Wie hat sich ein Schiffsführer bei Hochwasser zu verhalten?**	Er muss die Geschwindigkeit anpassen und so weit wie möglich in der Fahrwassermitte bleiben, gegebenenfalls besondere Geschwindigkeitsbegrenzungen und Fahrtbeschränkungen beachten.
238 **Wie hat sich ein Schiffsführer bei Erreichen der Hochwassermarke II zu verhalten?**	Er hat die Fahrt unverzüglich einzustellen.
239 **Ein Fahrzeug fährt zu Tal. Voraus liegt eine rote Tonne. Auf welcher Fahrrinnenseite befindet sich diese Tonne und an welcher Schiffsseite muss diese Tonne passiert werden?**	Sie befindet sich auf der rechten Fahrrinnenseite und muss an der Steuerbordseite des Schiffes passiert werden.
240 **Ein Fahrzeug fährt zu Berg. Voraus liegt eine rote Tonne. Auf welcher Fahrrinnenseite befindet sich diese Tonne und an welcher Schiffsseite muss diese Tonne passiert werden?**	Sie befindet sich auf der rechten Fahrrinnenseite und muss an der Backbordseite des Schiffes passiert werden.

Erläuterungen	Notizen während des Unterrichts
Als Faustregel kann man annehmen, dass ein Motorboot mit den Abmessungen 10,00 x 3,30 m in der Wasserlinie und einem Tiefgang von 0,90 m diese Grenze erreicht.	
Bei Fahrten im Hochwasser ist besonders auf Treibholz zu achten. Die stärkere Strömung versetzt das Boot in Flussbiegungen von der Fahrwassermitte in den äußeren Kurvenbereich.	
Aus Sicherheitsgründen sofort den nächsten Hafen oder eine Nebenwasserstraße anlaufen.	
Rote Tonnen markieren die rechte Fahrrinnenseite und liegen zum rechten Ufer hin. Man passiert sie also bei Talfahrt an der Steuerbordseite.	
Bei Bergfahrt bleiben die roten Tonnen an Backbord. Das Fahrzeug hat also an seiner linken Seite die rechte Fahrrinnenseite.	

Frage	Gültige Antwort
241 **Ein Fahrzeug fährt in die Fahrrinne gegen den Strom. Voraus liegt eine grüne Tonne. Auf welcher Fahrrinnenseite befindet sich diese Tonne und an welcher Schiffsseite muss diese Tonne passiert werden?**	Sie befindet sich auf der linken Fahrrinnenseite und muss an der Steuerbordseite des Schiffes passiert werden.

242 **Welche Funktion haben gelbe Tonnen mit einem Radarreflektor vor Brückenpfeilern?**	Kenntlichmachung der Brückenpfeiler auf dem Radarschirm.

243 **Welche Bedeutung haben diese Tafeln an der nachstehenden gekennzeichneten Brücke?** 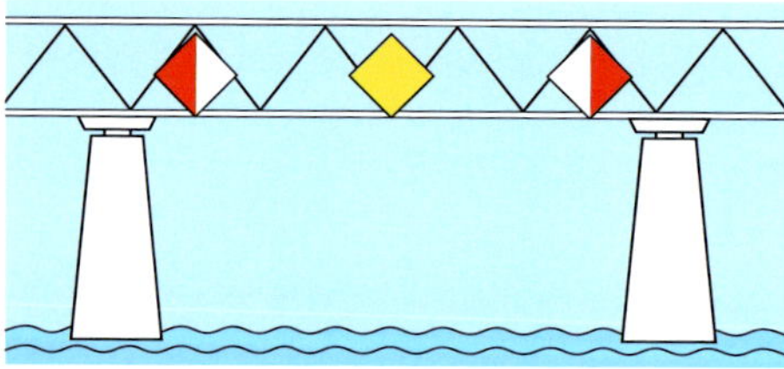	Empfohlene Durchfahrt mit Gegenverkehr und seitlicher Begrenzung der erlaubten Brückendurchfahrt.

244 **Was bedeutet dieses Tafelzeichen an einer Brückendurchfahrt?** 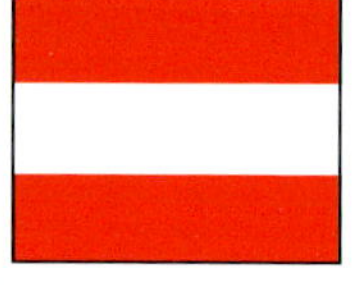	Verbot der Durchfahrt und Sperrung der Schifffahrt.

Erläuterungen	Notizen während des Unterrichts
Grüne Tonnen liegen zum linken Ufer hin. Bei Bergfahrt muss man sie an der rechten Seite (Steuerbord) liegenlassen.	
Radarreflektoren geben auf dem Bildschirm die Position der Brückenpfeiler wieder. Sie sind an einer langen Stange an der Brücke befestigt oder schwimmen auf einer Boje vor den Pfeilern.	
Die Durchfahrt ist in beiden Richtungen empfohlen. Achtung auf die Begrenzungsschilder, die Pfeiler reichen unterhalb der roten Markierung ins Fahrwasser.	
Die Durchfahrt ist zwischen diesen Brückenpfeilern verboten. Die Sperrtafel ist ein allgemeines Verbotszeichen und gilt nicht nur an Brücken für Fahrverbote.	

Frage	Gültige Antwort
245 **Warum ist es bei der Schleusendurchfahrt verboten, Autoreifen als Fender zu benutzen?**	Autoreifen sind nicht schwimmfähig und können in den Schleusen zu erheblichen Störungen führen.
246 **Welche Lichter führt ein Schubverband?**	Drei weiße Topplichter in einem Dreieck angebracht, die Seitenlichter und drei weiße Hecklichter waagerecht nebeneinander.
247 **Welches Fahrzeug führt am Bug einen roten Wimpel?**	Ein Fahrzeug mit Vorrang beim Schleusen.
248 **Wann gilt ein Sportboot auf den Binnenschifffahrtsstraßen als Kleinfahrzeug?**	Wenn das Fahrzeug eine Länge von weniger als 20 m hat.
249 **Welche Bedeutung hat die Bezeichnung eines Fahrzeuges mit einer rot-weißen Flagge und was ist zu beachten?**	Schutzbedürftiges Fahrzeug, Geschwindigkeit vermindern und Sog und Wellenschlag vermeiden.

Erläuterungen	Notizen während des Unterrichts
Autoreifen schwimmen nicht. Sie verkeilen sich in Schleusen zwischen den Toren und der Wand, sodass die Tore nicht vollständig öffnen. Auch mit Schiffsschrauben kann es Probleme geben.	
Diese Lichter, die ein Dreieck bilden, sind auf dem vordersten Schubleichter, eine Art Container, am Bug aufgestellt (in der Umgangssprache »Christbaum« genannt).	
Die Personenschifffahrt zeigt mit dem roten Wimpel eine Vorfahrtsberechtigung zur Einfahrt in die Schleuse an. Sportboote können nach Aufforderung mitschleusen.	
Der Verwendungszweck dieser Fahrzeuge spielt keine Rolle, ob es sich z.B. um Sport- oder Arbeitsschiffe handelt.	
Schiffe, die eine rot-weiße Flagge führen, sind in ihrer Fahrt behindert (Getriebe ausgefallen, Motorschaden, Propellerschaden, Rudereinrichtung blockiert). Bei Arbeiten an der Uferböschung kann dieses Zeichen auch zum Schutz der Arbeiter gezeigt werden.	

Frage	Gültige Antwort
250 **Welches optische Zeichen kann am Tage anstelle von vier kurzen Tönen gegeben werden?**	Eine rote Flagge im unteren Halbkreis schwenken.
251 **Welches optische Zeichen kann in der Nacht oder bei verminderter Sicht anstelle von vier kurzen Tönen gegeben werden?**	Ein rotes Licht im unteren Halbkreis schwenken.
252 **Welcher Befähigungsnachweis ist zur Teilnahme am Binnenschifffahrtsfunk erforderlich?**	Das UKW-Sprechfunkzeugnis für den Binnenschifffahrtsfunk.
253 **Was bedeutet Radarfahrt?**	Eine Fahrt bei unsichtigem Wetter mit Radar.

Erläuterungen	Notizen während des Unterrichts
Tagsüber kann bei Manövrierunfähigkeit anstatt der vier kurzen Töne eine rote Flagge im unteren Halbkreis geschwenkt werden (vor den Beinen hin und her).	
Im Falle von verminderter Sicht oder nachts kann bei Manövrierunfähigkeit anstelle von vier kurzen Tönen ein rotes Licht im unteren Halbkreis geschwenkt werden.	
Der Binnenschifffahrtsfunk erleichtert und beschleunigt insbesondere die Schleusenpassagen. Die entsprechenden Kanäle für jede Schleuse sind im »Führer für den Binnenfahrtensport« des DMYV verzeichnet.	
Radarfahrt bedeutet, dass der Schiffsführer den Kurs eines Schiffes und die Uferbegrenzungslinien auf einem Bildschirm abliest und entsprechend manövriert.	

Prüfungsausschüsse/Prüfungszentren* (alphabetisch)

des Deutschen Motoryachtverbandes für den amtlichen Sportbootführerschein (Binnenschifffahrtsstraßen)

PA Aurich
Gerno Ripken
Tjilchkampstr. 12
26605 Aurich
Tel. 04941/6977904
pruefungsausschuss-aurich@ewe.net
www.pa-aurich.de

PZ Berlin – Mecklenburg-Vorpommern
Torsten Hahn
Marzahner Str. 24a
13053 Berlin
Tel. 030/36445243
info@pab-mv.de
www.pab-mv.de

PA Bodensee, Stuttgart & Ausland
Barbara Pfänder
Mühlstr. 10
88085 Langenargen
Tel. 07543/302-9694
info@pz-bostau.de
www.pz-bodensee-stuttgart-ausland.de

PZ Brandenburg, Sachsen, Sachsen-Anhalt und Thüringen
Ralph Klose
Bliesendorfer Dorfstr. 23a
14542 Werder/Havel
Tel. 03327/7412225
pa-berlin-potsdam@t-online.de
www.pa-berlin-potsdam.de

PZ Bremen – Hamburg
Holger Wetzel
Beim Bohnenhof 21
28307 Bremen
Tel. 0421/4094390
info@pa-bremen.de
www.pa-bremen.de

PA Deggendorf
Franz Freymadl
Neustifter Str. 13
94036 Passau
Tel. 0851/83741
info@pa-deggendorf.de
www.pa-deggendorf.de

PA Hannover
Dirk Hartung
Im Nölkenwinkel 6c
31515 Wunstorf
Tel. 05033/981760
hartung@pa-hannover.de
www.pa-hannover.de

PA Koblenz, Rhein-Mosel
Axel Kargl
Ringstr. 31
56332 Dieblich
Tel. 02607/9744822
anfrage@bootsfuehrerschein-koblenz.de
www.bootsfuehrerschein-koblenz.de

PA Main
Werner Kastner
Weiherweg 6
96194 Walsdorf
Tel. 09549/9892770
pa.main@t-online.de
www.pa-main.de

PA Mannheim – Darmstadt – Saar-Mosel
Petra Weber
Merowingerstr. 5
67433 Neustadt an der Weinstraße
Tel. 0151/25867792
info@dmyv-pzrlp.de
www.dmyv-pzrlp.de

* aktuell unter www.dmyv.de → Führerschein/Funk

PA München – Nürnberg
Jochen Grees
Von-Kling-Weg 12
86669 Königsmoos
Tel. 08433/9297491
buero-tremel@pa-nuernberg.com
www.pa-nuernberg.com

PZ Nordrhein-Westfalen
Jörg Sonntag
Ludwig-Bender-Str. 15
45472 Mülheim an der Ruhr
Tel. 0208/4674675
info@dmyv-pa-nrw.de
www.dmyv-pa-nrw.de

PA Regensburg
Udo Hilbinger
Hauptstr. 2a
93339 Riedenburg
Tel. 09442/2720
hilbinger@gmx.de
www.hilbinger.info

PZ Schleswig-Holstein
Jörg Schultz
Wittland 2–4
24109 Kiel
Tel. 0431/66940708
info@dmyv-pz-sh.de
www.pruefungszentrum-sh.de

PA Wetzlar – Offenbach
Olaf Winter
Unter dem Ahorn 6a
35578 Wetzlar
Tel. 06441/76025
info@pa-wetzlar.de
www.pa-wetzlar.de

Anerkannte Ausbildungsstätten des DMYV*

Yachtschule Dresden Andreas Metzner	Tharandter Str. 45	01159 Dresden
Sportbootschule Bönisch	Zscheilaerstr. 1	01662 Meißen
Wassersportzentrum 51"	An der Lagune 9	04575 Kahnsdorf
Marina Lanke Berlin AG	Scharfe Lanke 109 –131	10999 Berlin
Segelschule Berlin	Friederikestr. 24	13505 Berlin
Nautik Bootsfahrschule	Kaiserstr. 4	13589 Berlin
Segelschule Havel	Pichelsee 9b	13595 Berlin
Nautik Yachting	Siemenswerderweg 29	13595 Berlin
Wassersportler e.V.	Im Saatwinkel 31b	13599 Berlin
Yachtschule Schulze-Sandow	An der Havel 38	14542 Werder OT Töplitz
Sportbootschule Bollmannsruh	Bollmannsruh 13	14778 Päwesin
TÜV NORD Bildung gGmbH Bildungszentrum Fürstenwalde	Julius-Pintsch-Ring 17	15517 Fürstenwalde
Verkehrs- und Fahrschule Panketal	Dorfstr. 22	16341 Panketal
Fahrschule Quisdorf	Rosenthal-Str. 11	17192 Waren
Bootsfahrschule Müritz	Papenbergstr. 60	17192 Waren
Bootsfahrschule Horst Malow	E.-Thälmann-Str. 42	17192 Waren
Tokon Yachtschule	Warener Str. 20	17209 Waren
Segelschule Rückenwind	Hafenstr. 25	17438 Wolgast
AFZ Aus- und Fortbildungszentrum Rostock GmbH	Alter Hafen 334	18069 Rostock
DRK Kreisverband Schwerin e.V. (Wasserwacht)	Martinstr. 12	19053 Schwerin
Yachtschule am Neuen Wall	Neuer Wall 18	20354 Hamburg
Yachtschule Meridian	Billhorner Röhrendamm 92	20539 Hamburg
Motoryachtclub Dove Elbe Wilhelmsburg von 1928 e.V.	Buscher Weg 8	21109 Hamburg
Yachtschule Eichler	Steendiek 43	21129 Hamburg
Wischhafener Wassersportschule	Ketelseel 20	21737 Wischhafen
Sportbootschule Nautilus	Tonndorfer Hauptstr. 74	22045 Hamburg
Mütze's Sportbootschule	Holzhafenufer 8	22113 Hamburg
Lübecker Segelschule	Wakenitzufer 11	23564 Lübeck
Wassersportschule Schött	Teutendorfer Weg 2	23570 Travemünde
Segelschule „Blauer Peter"	Im Yachthafen 6	23743 Grömitz
Verkehrsakademie und Fahrschule Krohn	Jahnstr. 5	23936 Grevesmühlen
Yachtwelt Akademie	Zum Hafen 3	23946 Ostseebad Boltenhagen
SAILAWAY-Yachtsport Kiel	Fliegender Holländer 15–17	24159 Kiel-Holtenau
Ostwind Segelsport GmbH	Am Brackstock 10	24321 Hohwacht (Ostsee)
Funkschule Claudia Wendisch	Am Mühlenkamp 12	24787 Fockbek
S. Hufnagel Schifffahrtsseminare KG	Schulstr. 29	25376 Borsfleth

---
* nach Postleitzahlen geordnet

Sportfahrschule Kollmar	Neuer Weg 27	25377 Kollmar
Kipper-Schule Nordstrand	Kiefhuck 4	25845 Nordstrand
Fördesegler Segel- & Sportbootschule	Raiffeisenstr. 2	25917 Stadum
Sportbootschule Hot Water	Hundsmühler Str. 150	26131 Oldenburg
Summit-Sailing OHG	Kiebitzweg 4	26446 Horsten
Deutsche Traditions-Motorboot-Vereinigung e.V.	Am Hafen 59 („Schiff Amino")	26826 Weener
Sportbootschule Exner Andrè Blas	Am Dreieck 7	26871 Papenburg
Wassersport Dörpen-Lehe e.V.		
Spotbootschule WB	Bergstr. 1a	26892 Dörpen
Yachtschule MY WAY	Hauptstr. 43a	26969 Butjadingen/ Stollhamm
Bootsausbildung.com	Martinistr. 68	28195 Bremen
Sportbootschule Hot Water	Hans-am-Ende-Weg 11a	28355 Bremen
Sportbootfahtschule Wathlingen Wienhausen	Splettkampsweg 24	29342 Wienhausen
Yachtclub Uelzen e.V.	Riedweg 7	29525 Uelzen
Bootsfahrschule Yachthafen Hannover	Werftstr. 19	30163 Hannover
Yachtfahrschule.de	Loccumer Str. 55	30519 Hannover
Yachtschule Renk e.K.	Wirringer Str. 17	31319 Sehnde
Motorboot-Club Sehnde e.V.	Gretenberger Str. 41	31319 Sehnde
Bootsfahrschule Rinteln	Südstr. 6	31737 Rinteln
Motorboot-Club Hameln e.V.	Tündernsche Warte 2	31789 Hameln
Motoryachtclub Lübbecke e.V.	Postfach 1326	32293 Lübbecke
Weser-Yacht-Club Erder e.V.	Fillekuhle 11	32657 Lemgo
Segelschule Lippesee	Papenbergweg 28	32726 Detmold
Bootsfahrschule OWL	Stukenbrocker Weg 43	33813 Oerlinghausen
Motor-Yacht-Club Kassel e.V.	Arndtstr. 20	34123 Kassel
Nautik-Club Kassel 1965 e.V.	Mühlengasse 33	34125 Kassel
Yacht Club Kassel e.V.	Hafenstr. 93	34125 Kassel
Funkschule Kassel	Am Hang 9	34212 Melsungen
Segelschule Rehbach-Edersee	Strandweg 7	34549 Edertal
Sportbootschule Krüger	Am Simberg 14	35576 Wetzlar
Braunschweiger Motorboot Club e.V.	Celler-Heer-Str. 333	38112 Braunschweig
Düsseldorfer Yachtclub e.V.	Rotterdamer Str. 30	40474 Düsseldorf
MYM – Mike's Yachting Maritimservice	Neersener Str. 35	40547 Düsseldorf
Sportschifffahrtsschule Düsseldorf	Carl-Maria-Splett-Str. 15	40595 Düsseldorf
R + F Yachtschule	Tönisstr. 31	40599 Düsseldorf
Seefunkschule NRW	Vennhauser Allee 182	40627 Düsseldorf
EAC-Maritim	Moerser Str. 115	40667 Meerbusch
Praktische Bootsfahrschule Gewald – Anke Gast	Hombroicher Str. 8a	41472 Neuss
Prime Yachting Charter & Sales UG	Kölner Str. 25–27	41539 Dormagen
Bergische Yachtschule	Uellendahler Str. 449a	42109 Wuppertal

Yachtschule Harkortsee	Reichsmarkstr. 160	44265 Dortmund
Automobil- und Motorbootclub Castrop-Rauxel e.V.	Ringelrodtweg 161	44579 Castrop-Rauxel
Segelschule Moby Dick – Hülsmann & Metzeler GbR	Bismarckstr. 61	45128 Essen
Sportbootschule Ziegler	Bergstr. 67c	45701 Herten
Feuerwehr Waltrop	Große-Geist-Str. 14	45731 Waltrop
Yachtclub Marl e.V.	Am Kanal 337a	45768 Marl
Swen Meier Yachting-Center Gelsenkirchen	Johannes-Rau-Allee 19	45889 Gelsenkirchen
Swen Meier Yachting-Center	Taubenstr. 18	46539 Dinslaken
Funkschule Duisburg Sportbootschule	Oststr. 194	47057 Duisburg
Sarres-Schockemöhle Yachting GmbH	Hubert-Underberg-Allee 2	47495 Rheinberg
Yachtschule Overschmidt GbR	Annette-Allee 1	48149 Münster
Yacht/Navigationsschule „Am Katthagen“	Gittruper Str. 12	48157 Münster
Osnabrücker Motor-Yacht-Club e.V.	Hollager Str. 172	49135 Wallenhorst
Segelschule Schlick	Wagenfelder Str. 5	49459 Lembruch
Yacht-Club Hase-Ems Meppen	Esterfelder Stiege 131	49716 Meppen
Bootsfahrschule Haren	Emmelner Str. 33	49733 Haren
Sportbootschule-Emsland	Im Fehnken 6	49779 Oberlangen
Segelschule Bensberg	Waldstr. 64	50169 Kerpen
Yacht-Club Hersel 1971 e.V.	Kaiserstr. 4	50321 Brühl
Feuerwehrschule der Stadt Köln Feuerwache 10 / Mole	Gummersbacher Str. 33	50679 Köln
Kölner Segelschule/Kölner Motoryachtschule FW GmbH	Max-Plank-Str. 27a	50858 Köln
Segeltörns & Yachtschule Volker Dreyer	Alexianergraben 21	52064 Aachen
Fahrschule von Helden GbR	Roermonder Str. 325	52072 Aachen
Bootsschule Code Zero	In dem Hagen 5a	53604 Bad Honnef
Wassersportclub Schweich-Issel e.V.	Rheinstr. 68	54292 Trier
Wasser-Sport-Club Saarburg e.V.	Auf der Grube 2	54329 Saarburg
Drive & Fly Luftfahrt GmbH	Jean-Monnet-Str. 11	54343 Föhren
Zeller Bootsschule Klaus Borsch GmbH	Feldstr. 7	54533 Gipperath
tomko-yachtsport	Auf der Lay 11a	56072 Koblenz
Sportbootschule Richardt	In den Mittelweiden 11	56220 Urmitz
Sportbootschule Steiner GmbH	Inselweg 2	56333 Winningen
Sportbootfahrschule Zang	Mülhofener Str. 36	56566 Neuwied/Engers
Motorboot-Fahrschule Trust	Louise-Schröder-Str. 55	58099 Hagen
Motorboot-Club Lüdenscheid e.V.	Märkische Str. 6	58762 Altena
Yacht-Club Hamm e.V.	Postfach 2769	59017 Hamm
Yachtclub Rünthe	Rünther Heide 9	59192 Bergkamen
Marina Yachtschule D. Cloer	Hindenburger Str. 12	59368 Werne
Adriatic Sailingteam GmbH	Rosenstr. 32a	59379 Selm-Cappenberg
ADAC Yachtschule	Brückenstr. 27–29	59519 Möhnesee-Körbecke

Segel-Center Frankfurt GmbH & Co.KG	Gutleutstr. 175	60327 Frankfurt
SV Rhein-Main e.V.	Karl-Flesch-Str. 23	60385 Frankfurt
Wassersport AG im Förderverein der Georg-Büchner-Schule Erlensee	Langendiebacher Str. 35	63526 Erlesee
Wasser- und Fischereisportclub Schotten e.V.	Am Campingplatz 6	63679 Schotten
Segel- und Yachtschule Bergstraße	Moselstr. 40	64646 Heppenheim
Sportbootschule Lausmann	Tulpenstr. 1	64832 Babenhausen
S.A.L.T. Yacht GmbH	Donnersbergstr. 7	65187 Wiesbaden
Sportbootclub Fulda e.V.	Hermann-Löns-Str. 32	65201 Wiesbaden
Wiesbadener Yacht-Club e.V.	Hafenstr. 2	65201 Wiesbaden
Schwimm-Club Wiesbaden 1911 e.V.	Christian-Bücher-Str. 22	65201 Wiesbaden
Segel Center Wiesbaden	Reichsapfelstr. 41	65201 Wiesbaden
Wassersportschule Bernd Klabunde	Höllweg 33	65439 Flörsheim
Bootsclub Limburg e.V.	Am Dehmer Hafen 6	65594 Runkel-Dehm
Bootsschule Zimara e.K.	Mainzer Landstr. 52	65795 Hattersheim
S.A.L.T. Yachtschule GmbH	Bismarckstr. 57	66121 Saarbrücken
Bootsschule Brothe	Nelkenstr. 10	66128 Saarbrücken
Volkshochschule im Landkreis Merzig-Wadern e.V.	Gutenbergstr. 14	66663 Merzig
Sportbootschule Conrad	Siedlerstr. 11	67292 Kirchheimbolanden
Sailors Point	Wasserfederweg 2	68259 Mannheim
Motor-Yacht-Club Heidelberg e.V. im ADAC	Postfach 120 420	69066 Heidelberg
Neckargemündener Wassersportverein 1983 e.V.	Mühlgasse 12	69151 Neckargemünd
Sportbootschule Atlantik	Plettenbergstr. 33	70186 Stuttgart
Wassersportcenter am Neckar	Mühlhäuser Str. 319	70378 Stuttgart
Sportboot-Service-Stuttgart	Maierwaldstr. 23	70499 Stuttgart
Motorbootschule Kressborn	Haselnußweg 6	70599 Stuttgart
Sportbootschule Leonberg	Robert-Bosch-Str. 43	71277 Rutesheim
Sportbootschule Bittenfeld	Klingwiesen 18	71409 Schwaikheim
Sportbootschule Schaal	Haldenstr. 10	73104 Börtingen
Yachtschule Kapitän Otto	Schlierbachwiesen 6	73207 Plochingen
Sportschifferschule Eich	Hasenweg 27–29	73434 Aalen
Württembergischer Motorbootclub Heilbronn e.V.	Lauerweg 17	74074 Heilbronn
Yachtschule Bootslädle	Mittlere Str. 3	74357 Bönnigheim
Inka´s Sportbootschule	Merlanstr. 29	74889 Sinsheim
Motorboot-Club Karlsruhe e.V.	Maxau am Rhein 16	76187 Karlsruhe
Yachtclub Oberrhein Karlsruhe e.V.	Karlsruher Str. 40	76287 Rheinstetten
Segel- und Yachtschule Südwest	Fritz-Minhardt-Str. 1	75456 Kuppenheim
Sportbootschule Oberrhein	Steigweg 1a	76646 Bruchsal
Motoryachtclub Germersheim e.V.	Industriehafen, Südufer, Zone 3	76726 Germersheim

Genius-Yachtsport	Am Brigacker 11	78052 Villingen-Schwenningen
Wassersportzentrum Radolfzell	Zeppelinstr. 23	78315 Radolfzell
Segelschule Yachtcharter Sipplingen GmbH	Seestr. 3	78354 Sipplingen
Yachtschule Stoll-Spittler oHG	Obermattweg 1	79540 Lörrach
Motorbootclub Hochrhein e.V.	Kirchstr. 25	79787 Lauchringen
Segelschule Schluchsee	Benno Reifenberg Weg 23	79822 Titisee-Neustadt
Jalo-Wassersport	Augustenstr. 79	80333 München
Motorbootschule.com	Joseph-Dollinger-Bogen 13	80807 München
Segelschule Weiss-Blau	Euckenstr. 5	81369 München
ABC Segel- und Motorbootschule PUC Prakesch Consult UG	Höleinweg 3	82054 Sauerlach
Martin2 Fahrschule & Bootsfahrschule	Lessingstr. 1	84069 Schierling
Fahrschule Heindl	Neuburger Str. 53a	85057 Ingolstadt
Möckel´s Fahrschule	Ingolstädter Str. 59	85276 Pfaffenhofen
Ammersee-Segelschule Stefan Marx	Seestr. 28	86911 Dießen
Segelschule BSM GmbH	Oberseestr. 25/1	88085 Langenargen
Bodensee Segelschule Wasserburg	Halbinselstr. 79	88142 Wasserburg
Segelschule Meersburg	Am Stadtgraben 4	88709 Meersburg
Sunsailing Segelschule & Yachtcharter	Akazienweg 3	89134 Blaustein
1. Motoryachtclub Nürnberg e.V.	Aichweg 40	90449 Nürnberg
Greubel Yachtsport GmbH	Deichslerstr. 17	90489 Nürnberg
Nautic-Club Nürnberg e.V.	Max-Reger-Weg 31	90530 Wendelstein
Segelschule Activesail	Jakobinenstr. 24	90762 Fürth
Segelschule JASON	Christian-Ernst-Str. 9	91052 Erlangen
Segelschule Fürst	Frankenstr. 75	91088 Bubenreuth
Schmidt-Yachting Yachtschule	Loweg 18a	92245 Kümmersbruck
Bootsfahrschule Baschwitz	Karl-Menner-Weg	92331 Lupburg
Motorbootfahrschule Kerschenlohr	Kapellenweg 6	92339 Belingries
Bootsschule Regensburg	Landshuter Str. 72b	93051 Regensburg
DLRG-LV Bayern e.V. Regensburg	Wöhrdstr. 61	93059 Regensburg
Bootsfreund.de – Bootsschule & Skippertraining	Weihermühle 10	93343 Essing
Motorboot-Fahrschule Mansdorfer	Am Rögerhof 17	93346 Ihrlerstein
Motor-Yacht-Club Passau e.V.	Postfach 2002	94010 Passau
Donau-Wasser-Sport-Verein Obernzell e.V.	Am Hafen 5	94130 Obernzell
Motorsport Club Straubing v. 1922 e.V.	Wundermühlweg 5	94315 Straubing
1. Motorboot-Club Deggendorf e.V.	Reinprechtinger Str. 3	94469 Deggendorf
Bootssportverein Vilshofen e.V.	Postfach 1012	94470 Vilshofen
Motorbootschule Regnitz-Main GbR	Regnitzstr. 2	96120 Bischberg
Bootsfahrschule Florian	Unterdürrbacher Str. 278	97080 Würzburg
Bootsfahrschule Dietz	Postfach 1124	97401 Schweinfurt
Fränkische Wassersportschulen	Zimmergasse 6	97464 Niederwerm

Segel- und Motorbootschule Hard	Kohlplatzstr. 12a	A-6971 Hard
Yachtsport-Resort Lago Maggiore	Al Lago	CH-06614 Brissago
Bootsfahrschule Mallorca – Reinhold Rieke	Avda.Gabriel Roca 1; C.C. Ses Veles/Loc. 26	E-07157 Port'Abdratx/ Mallorca
Thurm Yachting & Boat School	Carrer des Saluet 1E	E-07157 Port d'Abdratx/ Mallorca
Fahrschule Adriano S.L.	Port Adriano, Local 3, 1ª Planta	E-07180 Toro/Calvia
Mallorca Boat Broker S.L.	Port Petit, 302	E-07660 Cala DÓr

Die »10 goldenen Regeln«

Die »10 goldenen Regeln« für das richtige Verhalten von Wassersportlern in der Natur sind von den Wassersportverbänden und dem Deutschen Naturschutzring erarbeitet worden. Sie lauten im Einzelnen:

1. Meiden Sie das Einfahren in Röhrichtbestände, Schilfgürtel, Ufergehölze und in alle sonstigen dicht und unübersichtlich bewachsenen Uferpartien. Meiden Sie darüber hinaus Kies-, Sand- und Schlammbänke (Rast- und Aufenthaltsplatz von Vögeln).
   Meiden Sie auch seichte Gewässer (Laichgebiete), insbesondere solche mit Wasserpflanzen.
2. Halten Sie einen ausreichenden Mindestabstand zu Röhrichtbeständen, Schilfgürteln und anderen unübersichtlich bewachsenen Ufergehölzen – auf großen Flüssen beispielsweise 30 bis 50 m. Halten Sie einen ausreichenden Mindestabstand zu Vogelansammlungen auf dem Wasser – wenn möglich mehr als 100 m.
3. Befolgen Sie in Naturschutzgebieten unbedingt die geltenden Vorschriften. Häufig ist Wassersport in Naturschutzgebieten ganzjährig, zumindest aber zeitweilig, völlig untersagt oder nur unter ganz bestimmten Bedingungen möglich.
4. Nehmen Sie in »Feuchtgebieten internationaler Bedeutung« bei der Ausübung von Wassersport besondere Rücksicht. Diese Gebiete dienen als Lebensstätte seltener Tier- und Pflanzenarten und sind daher besonders schutzwürdig.
5. Benutzen Sie beim Landen die dafür vorgesehenen Plätze oder solche Stellen, an denen sichtbar kein Schaden angerichtet werden kann.
6. Nähern Sie sich auch von Land her nicht Schilfgürteln und der sonstigen dichten Ufervegetation, um nicht in den Lebensraum von Vögeln, Fischen, Kleintieren und Pflanzen einzudringen und diese zu gefährden.
7. Laufen Sie im Bereich der Watten keine Seehundbänke an, um die Tiere nicht zu stören oder zu vertreiben. Halten Sie mindestens 300 bis 500 m Abstand zu Seehundliegeplätzen und Vogelansammlungen. Bleiben Sie hier auf jeden Fall in der Nähe des markierten Fahrwassers. Fahren Sie mit langsamer Fahrstufe.
8. Beobachten und fotografieren Sie Tiere nur aus der Ferne.
9. Helfen Sie, das Wasser sauber zu halten. Abfälle gehören nicht ins Wasser, z. B. der Inhalt von Chemietoiletten. Diese Abfälle müssen genauso wie Altöle in bestehenden Sammelstellen der Häfen abgegeben werden. Benutzen Sie in Häfen ausschließlich die sanitären Anlagen an Land.
   Lassen Sie beim Stillliegen den Motor Ihres Bootes nicht unnötig laufen, um die Umwelt nicht zusätzlich durch Abgase zu belasten.
10. Informieren Sie sich vor Ihren Fahrten über die für Ihr Fahrtgebiet bestehenden Bestimmungen und sorgen Sie dafür, dass diese Kenntnisse und eigenes vorbildliches Verhalten gegenüber der Umwelt auch an die Jugend und an nicht organisierte Wassersportler weitergegeben werden.

Das Lexikon für Einsteiger

Lehrbücher, deren Zweck es sein soll, in die Welt des Wassersports einzuführen, gehen mit ihren Begriffen stets von einem bestimmten Niveau an Grund- bzw. Schulwissen aus. Das ist oft ein Problem, vor das die Ausbilder gestellt werden. Grund dafür sind Lehrbücher, Ausbildungs- und Prüfungsunterlagen, die akademisch geschraubte, bürokratisch ausufernde oder im Behördendeutsch abgefasste Texte enthalten. Kurzum: weit entfernt von der Begriffswelt unserer täglichen Umgangssprache.
Der Neuling will lediglich wissen, was der maritime Begriff für seine zukünftige Bootspraxis bedeutet, und das funktioniert nur, wenn er die Worte assoziieren kann, das heißt den Begriff in seinen bekannten Wortschatz oder seine Berufsterminologie einbauen kann.
Im folgenden kleinen Lexikon werden die wichtigen Begriffe rund ums Motorboot ganz simpel erklärt.

achtern Alles, was sich hinten im Boot befindet, abspielt oder dahinter ist.

Backbord Linke Seite des Bootes. Im Pkw sitzt dort der Fahrer. Mit »an Backbord« wird alles bezeichnet, was sich in Fahrtrichtung links vom Boot ereignet.

Bake Gestell aus Eisen oder Holz, welches in den Grund fest eingebaut ist und wie die schwimmenden Bojen zur Orientierung dient.

bekneifen Wenn sich eine Leine so fest um eine Klampe oder anderen Gegenstand legt und sich so zuzieht, dass sie nicht mehr weiterrutscht, z. B. beim Festmachen.

Bilge Die tiefste Stelle im Schiff. Dort wabbelt oft die sogenannte Bilgenbrühe. Ein Öl-Wasser-Gemisch, welches durch Undichtigkeiten entsteht. Dieser Bereich liegt unterhalb der Wasserlinie und ist somit die kühlste Stelle im Boot. Wird oft zur Kühlung von Getränken genutzt.

Boje Weithin erkennbarer Schwimmkörper aus Stahlblech von unterschiedlicher Form und Farbe. Dient zur Streckenmarkierung wie Verkehrsschilder.

Bug Vorderster Schiffsteil. Der Bugkorb ist ein Geländer, welches die Reling an der Bootsspitze abschließt. Das Bugstrahlruder ist ein vorn unter der Wasserlinie eingebauter Propeller, der per Knopfdruck den Bug nach rechts oder links schiebt.

Crew Alle Personen an Bord von Sportbooten, die eine Tätigkeit nach Weisung des Kapitäns ausüben. Auf größeren Yachten gilt das Personal als Crew wie in der Fliegerei. Diese bezahlten Hände tragen den Namen der Yacht auf der Kleidung.

Döpper Kleine Boje/Ball, markiert schwimmend ein zeitliches Hindernis unter Wasser (Anker/Fischernetz o. Ä.) und ist an diesem mit einer Leine befestigt.

Fender Dicke Gummiwürste oder Bälle, die am Schiffsrumpf herunterhängen, um Kratzer am eigenen Schiff oder am anderen zu verhindern. Volkstümlich zutreffend: Bummsbeutel.

fieren Eine Leine langsam durch die Hand laufen lassen. Also das Gegenteil von stramm anziehen. Eine Tätigkeit beim Ablegen vom Steg oder um sich in Schleusen langsam nach unten abzusenken, aber gleichzeitig an der Wand zu bleiben.

Flaggstock Kleine Fahnenstange am Heck mit ausschließlich der eigenen Nationalflagge. Niemals Europafahne, Werbefahne, Stadtfahne, ausländische Nationalflagge oder Dummlappen: Piratenflagge, Bierseidel usw. aus dem Campingzubehör.

Heck Der gesamte hintere Teil des Bootes. Die äußere hintere Wand nennt man Spiegel. Dort ist der Name und Heimathafen aufgemalt.

Kajüte Jeder abgeschlossene Raum des Bootes. Als Kajütboot wird üblicherweise ein kleineres Boot mit nur einem Raum bezeichnet.

Klampe Stahl/Aluteil mit zwei Hörnern, um an Bord Leinen festzumachen (siehe Poller).

Koje Eine Liegemöglichkeit für eine Einzelperson in jeder beliebigen Ecke des Bootes, oft doppelstöckig (Vergleich: Eisenbahnschlafwagen). Sehr kleine Kojen heißen Hundekojen.

Manöver Jede durch Motor, Ruder/Steuer beeinflusste Bewegung des Bootes. Schiffe werden hinten gesteuert wie ein Gabelstapler. Deshalb muss am Heck Raum bleiben, um seitlich auszuschwenken, so wie bei der Rückwärtsfahrt des Pkws im Bereich der Vorderräder seitlicher Schwenkraum benötigt wird.

Motoryacht Größeres Wasserfahrzeug zur privaten Freizeitgestaltung. Mindestens zwei Decks/Etagen und eingebaute Maschine. Megayachten sind Schiffe von über 30 m Länge. Professionelle Schiffsführung und Personal für alle Bedürfnisse.

Pantry Schiffsküche. Zumeist eine zum Hauptraum offene Kochnische. Reduziert sich bei kleineren Booten auf eine Butterbrotschmierstelle.

Pinne Kurze waagerechte Stange am Heck. Damit wird eine senkrechte Achse gedreht, die durch den Bootsboden führt und unter Wasser das Ruderblatt bewegt. Bei Außenbordern ist dort der Gasdrehgriff wie an einem Motorradlenker installiert.

Plicht Terrasse im hinteren Teil des Bootes. Dieser breiteste Teil dient im Hafen als Umtrunksitzgelegenheit. In Fahrt wird das Boot zumeist von dort gesteuert.

Poller Stahlteil in Form einer Konservendose mit zwei seitlichen Rundeisen. Daran wird die Leine festgemacht/belegt. Größere Poller, die kleinen Fässchen ähneln, dienen an Land/Hafen/Ufer dem gleichen Zweck. Schwimmpoller sind in der Schleusenwand in eine senkrechte Führungsrinne eingelassen und schwimmen mit dem Wasserstand auf und ab. Erleichtern das Schleusenmanöver.

Reling Rund um das Boot laufendes Geländer. Wie Treppengeländer. Bei kleineren Booten ersetzt den Holzhandlauf ein dicker Draht.

Salon Hauptraum eines Bootes mit mehreren Kajüten. Zumeist in der Schiffsmitte und für mehrere Personen möbliert.

Scheuerleiste Auf Höhe der breitesten Stelle des Schiffes rundum laufender Gummiwulst oder auch Holzleiste (selten Hanftau), um das Schiff vor Beschädigungen der Bordwand zu schützen.

Schrauber Hoch qualifizierter Mechaniker für Bootsmotoren, Antriebe und Schiffsschrauben. Der Begriff kommt aus dem Rennsport.

Speigatt Ein Loch oberhalb der Wasserlinie, wo sich Regen- oder Waschwasser sammelt, damit es nach außen abfließen kann. Meist unterhalb der Reling.

Stauraum Jede Ecke im Schiff, in welcher etwas untergebracht werden kann.

Steuerbord Rechte Seite des Schiffes. Dort wo im Pkw der Beifahrer sitzt.
ACHTUNG: Hat also nichts mit der Position des Lenkrades oder Ruderrades zu tun.

voraus Alles, was man in Fahrtrichtung sieht oder wo sich das Boot hinbewegt.
Gegenteil: achteraus.

Vorschiff Das vordere Deck, Dach. Dient auf größeren Booten als Liegewiese. Auf Reisen sind dort Fahrräder oder ein Schlauchboot festgezurrt.

Wasserlinie Bis zu dieser Höhe sinkt das beladene Boot ins Wasser ein. Diese Linie ist außen an der Bordwand horizontal rundumlaufend farblich durch einen sogenannten Wasserpass dargestellt.

Auf Binnenwasserstraßen ins benachbarte Ausland

Urlaubsreisen auf den Wasserwegen in die angrenzenden Länder sind mit deutschem Bootsführerschein, der Bootsregistrierung und dem Personalausweis problemlos durchzuführen.

Für den Bordhund, Katze oder Frettchen wird aber noch ein Tierhalterausweis (Impfpass) benötigt. Diese Tiere müssen mit einem Mikrochip gekennzeichnet sein. Ihr Tierarzt nennt Ihnen die Länder, welche die Einreise von Haustieren verbieten.

Bei der Rückreise müssen eventuell im Ausland getankte unversteuerte Treibstoffmengen verzollt werden. Gängige Bezeichnung: roter Diesel.

Die Verkehrsregeln in den angrenzenden Ländern sind mit den hiesigen identisch.

Sprachliche Probleme gibt es längs der Wasserstraßen kaum.

Die beliebteste internationale Urlaubsroute führt von Koblenz über die Mosel, Trier, Remich (Luxemburg) und Metz nach Nancy zum Marne-Rhein-Kanal. Dann nach Westen über die Schachtschleuse Réchicourt und durch zwei Tunnel zum Schrägaufzug in Arzviller. Dort dann hinunter ins Tal der Zorn und über Straßburg zurück zum Rhein. Diese 14-tägige Rundreise, benannt nach dem Buchtitel »Dieselöl und Sauerkraut«, wird »Sauerkrauttour« genannt.

Es gibt zwar keine ernsthaften Verständigungsprobleme bei Frankreich- und Belgienreisen, aber die Erläuterungen zu einigen Begriffen können hilfreich sein, siehe folgende Seite.

Eine korrekte Flaggenführung gehört im Ausland zur Selbstverständlichkeit. In der Mitte des Hecks weht ausschließlich die Bundesflagge. Wenn dies nicht möglich ist, muss sie an der Steuerbordseite gesetzt werden. Sie wird nachts eingeholt. Die Gastflagge wird am Mast an Steuerbord unter der Rah gesetzt. Mastlose Boote führen sie am Bug. Am Nationalfeiertag wird über die Toppen geflaggt, das heißt eine Kette von Signalflaggen, ersatzweise Nationalflaggen vom Bug zum Heck. Die eigene Nationalflagge kommt dann an die Mastspitze.

Französische Begriffe mit Erläuterungen

Aus der Praxis für die Praxis

bâbord	**= Backbord**	Linke Seite des Schiffes in Fahrtrichtung (Fahrersitz im Auto).
bac	**= Fähre**	Nur mit Abstand an einem fahrenden Fährboot vorbeifahren.
barrage	**= Wehr**	Unbedingt den Tonnen und der Beschilderung in Richtung Schleuse folgen. Unterhalb der Wehre besonders flaches Wasser (Sandbänke).
bassin	**= Becken**	Steht für Hafenbecken. »Port« bedeutet meistens nur ein befestigtes Ufer als Ladekai.
bief	**= Stauhaltung**	Der Gewässerabschnitt zwischen zwei Schleusen. Die Länge ist oft am Schleusenhaus abzulesen.
carburant	**= Treibstoff**	Für Dieselöl wird oft der Begriff »Mazout« oder »Fuel« ausgewiesen.
chenal	**= Fahrwasser**	Es ist die tiefste Stelle des Wasserweges. Das ist nicht immer die Flussmitte. Oft sehr nahe am Ufer in der Außenkurve.
eau potable	**= Trinkwasser**	Die Übernahme von Trinkwasser ist oft in Schleusen möglich. Dort befindet sich dieses entsprechende Schild.
écluse	**= Schleuse**	Vor den Schleusen sind Liegeplätze eingerichtet, die jedoch nur von Booten genutzt werden dürfen, die auf Schleusung warten.
écluse automatique	**= kein Schleusenwärter**	Die Bedienung der Tore geschieht durch Radarerfassung bei Annäherung. In der Schleuse durch Schaltstangen von Deck aus.
écluse de garde	**= Offenstehende Tore**	Tore, die durchfahren werden können. Sie werden nur in Notfällen oder bei Reparaturen geschlossen (»porte de garde«).
GSM	**= Handy**	Der Begriff Handy ist unbekannt. Oft auch »téléphone portable«.
halte nautique	**= Öffentlicher Liegeplatz**	Für Yachten. Liegemöglichkeit für durchreisende Boote. Meist in Stadtnähe. Teilweise gebührenpflichtig.
halage	**= Treidelpfad**	Oft auch »chemin de halage«. Treidelweg, der von der Schifffahrtsverwaltung befahren wird. Absolutes Verbot, Leinen quer über den Weg zu spannen. Freihalten für Polizei/Feuerwehr/Kranwagen.
haut-fond	**= Untiefe**	Meist Sandbänke. Manchmal Mauerreste früherer Schleusenbauwerke oder Unterwasserkribben zur Stromregulierung.
île submergée	**= Untiefe**	Bei bestimmten Wasserständen überspülte Insel. Tonnen beachten.
péniche	**= Einheitsschiff**	Schiff der Berufsschiffahrt. Länge und Breite entsprechen genau den Abmessungen der kleinen Schleusenkammern.
PK 25 (point kilométrique)	**= Kilometerstein**	Wichtige Angabe, wenn Hilfe von der Charterbasis oder dem Rettungsdienst benötigt wird.
pont mobile	**= Bewegliche Brücke**	Hub-, Klapp- oder Drehbrücke. Schilder zeigen die Öffnungszeiten an. Mittagszeiten werden auch ohne Schild eingehalten.
pont-canal	**= Trogbrücke**	Überführung des Kanals über einen Fluss, eine Straße oder die Eisenbahn. Auf Einbahnverkehr achten.
porte de garde		*Siehe:* écluse de garde. Sicherheitstor.
quai d'attente	**= Warteplatz**	Liegeplatz im Schleusenbereich. Festmachen nur gestattet, bis die Einfahrt in die Schleuse freigegeben ist.
rive droite	**= Rechtes Ufer**	Stromabwärts, das heißt in Fließrichtung gesehen, ist das rechte Ufer zur rechten Hand.
rive gauche	**= Linkes Ufer**	Stromabwärts, das heißt in Fließrichtung gesehen, ist das linke Ufer zur linken Hand.
tribord	**= Steuerbord**	Rechte Seite des Schiffes in Fahrtrichtung (Beifahrersitz im Auto).

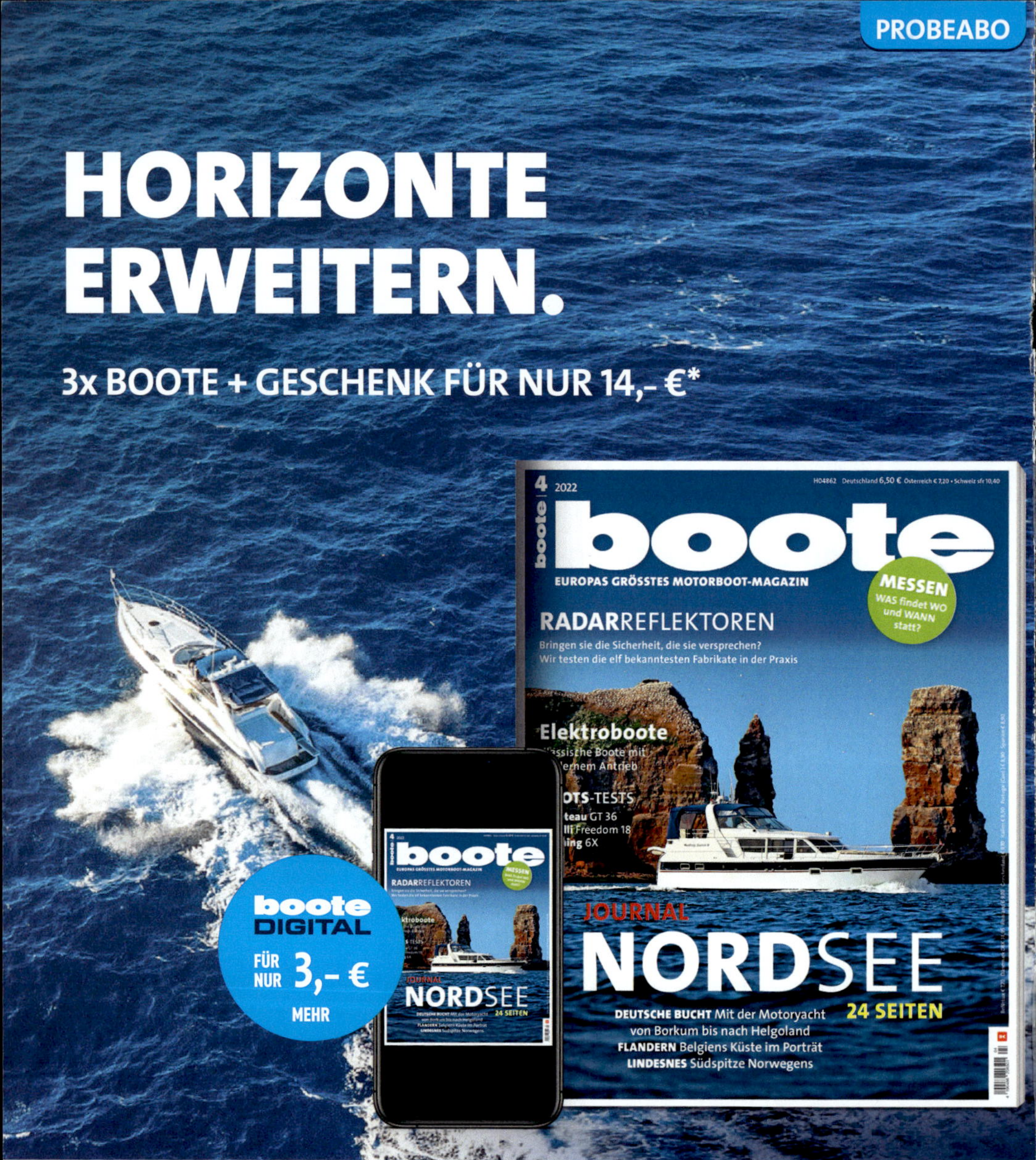